报关员

资格全国统一考试

过关宝典（二）

曹维新◎编著

暨南大學出版社
JINAN UNIVERSITY PRESS

图书在版编目（CIP）数据

报关员资格全国统一考试过关宝典. 2 / 曹维新编著.
广州：暨南大学出版社，2007.6（2007.7 重印）
ISBN 978-7-81079-846-4

Ⅰ. 报… Ⅱ. 曹… Ⅲ. 进出口贸易—海关手续—中国—工作人员—资格考核—自学参考资料 Ⅳ.F752.5

中国版本图书馆 CIP 数据核字（2007）第 060114 号

出版发行：暨南大学出版社

地　址：中国广州暨南大学
电　话：总编室（8620）85221601
　　　　营销部（8620）85227972　85220602（邮购）
传　真：（8620）85221583（办公室）　85223774（营销部）
邮　编：510630
网　址：http：//www. jnupress. com　http：//press. jnu. edu. cn

排　版：暨南大学出版社照排中心
印　刷：暨南大学印刷厂

开　本：787mm × 960mm　1/16
印　张：54.25
字　数：1062 千
版　次：2007 年 6 月第 1 版
印　次：2007 年 7 月第 2 次
印　数：3001— 6000 册

定　价：100.00 元（共四册）

序

《报关员资格全国统一考试过关宝典》是一套完备、系统、全面、有新意的报关员资格考试辅导书。

本书针对考生自学困难、没时间听辅导、不善解读考题、难于抓住考点、不善总结答题技巧等情况，提纲挈领地摘录教材要点，归纳考点，汇总近年考题，拟写今年预考题目，总结科学自学方法，探讨出题指导思想，介绍答题技巧，研究辅导注意问题；整理出如何快速查找商品编码的技巧，揭示出题四大指导思想，解析代表性训练题目，介绍查找商品编码的科学方法和步骤。

本书从考生的角度编写“如何填制与修改报关单”，提供了应试必读的英文单证，总结了近年报关单栏目考试新内容，编写了针对性较强的应试案例，汇总了中英文词条，汲取了辅导资料精华，专供考生训练，是最适合自学和考试过关的宝典。

编著者

2007 年 5 月

前　言

从当前报关员资格全国统一考试现状来看，考生自学困难、没时间听辅导、不会解读考题、不懂抓考点、不明白出题指导思想、不会掌握答题技巧等，是历年考试通过率低的主要原因。因此编著一套《报关员资格全国统一考试过关宝典》有着非常重要的现实意义。这套书紧扣新教材考点，严格依照大纲要求，更换了与最新大纲不符和已过时的试题，力求准确地把握广大考生在复习和考试过程中可能会遇到的问题，从而帮助考生提高复习效率。

实践是检验真理的唯一标准。每年一次的报关员资格考试难度之所以很大，是因为广大考生在复习过程中普遍存在几大误区：其一，只读教材是很难通过考试的，原因是内容太多、范围太广；其二，读了教材，如果没有参加海关专家辅导，就很难抓准考点；其三，要坚持专题训练，否则就不能熟练地掌握一些基本技能（如商品归类和报关单填制与修改）。

《报关员资格全国统一考试过关宝典》（一）介绍了最优的自学方法，归纳了科学的答题步骤，撰写了各部分内容的出题思路研究，拟写了标准的仿真试卷。这样使考生从应试心理到考试实践都能够形成一个科学的体系。

《报关员资格全国统一考试过关宝典》（二）系统地介绍报关、通关、进出口贸易管制、报关程序、进出口税费及海关法规等基本知识，揭示近年考试重点和题型，指出当年教材新增的内容及由此所派生出来的考题，挖掘了出题的六大要点，即“概念定义”“呈办程序”“审批文件”“处罚情况”“限制期限”“税费计算”，使考生能紧扣教材、明确考点、解读考题，进而能够融会贯通、分辨正误、归纳挑选、答准考题，并取得理想的分数。

《报关员资格全国统一考试过关宝典》（三）教会考生“会查”“查准”“查快”商品编码的三大技能，挖掘出“商品归类”出题的四大指导思想，揭示了出题的几大范围：“农副产品”“矿化塑橡纸产品”“纺织原料及制品”“机电运输仪表产品”和“其他杂项产品”等，并且针对不同素质的考生（商品知识水平不一），拟写具有代表性的“商品归类”训练题目，提供归类常识，科学地解读品目号列的含义和根据不同“杠”数找出其他（未列名）商品。最重要的是告知广大考生一个科学的查找商品编码的方法和保证查找时间够用的四大步骤，让考生轻松通过这部分最难考题。

《报关员资格全国统一考试过关宝典》(四) 拟写了必考的 39 个栏目（共

47 个栏目）规范填写的具体内容，以近几年考题为切入点，总结难度较大的考点，指出当年教材关于部分“栏目”内容最新的填写要求，澄清旧的规范、旧的内容，揭示部分“栏目”有关细节的考试内容，拟写多个案例，帮助考生通过大量、全面的训练，真正掌握报关单栏目的考点、难点以及易出现的逻辑错误。此外，本书为英语和国际贸易知识水平较差的考生提供有代表性的中英文单证，使得考生通过反复对照，认真研究，解决单证中的各种疑难问题，无论是填制还是修改报关单重要栏目的内容，都能游刃有余。

本书（四册）是原中国海关管理干部学院曹维新副教授结合十多年在全国各大关区辅导报关员和各大学辅导学生应考的实践经验、在所编著的《报关员资格考试指南》《报关员资格考试必读》《报关员资格考试攻关谋略》《报关员资格考试大全》基础上，根据最新的考试大纲编写的一套辅导书。全书语言力求通俗易懂，以便广大考生更容易理解和掌握。

本书在编著过程中参考和借鉴了各方专家编写的辅导专著有关内容，在此对原作者表示衷心的感谢！

由于时间紧迫和编者水平有限，书中不足和错误之处难免，敬请各方专家同仁和广大考生批评、指正。

编著者

2007 年 5 月

说　明

编写这本书的目的，是从考生的角度出发，为考生出谋划策，帮考生找到最切实可行的读书方法，使考生用最短的时间获得最多的知识。报关员考试相关内容繁杂、要点众多、新内容不断增加，因此要扣准教材、抓住要点、挖准考题，最重要的是了解出题的几大思想（或曰方式），将教材的要点和已考题目及今后预考的东西一并组成专题供考生学习，才可以使考生走上自学的捷径，顺利过关。

本书从考卷的单选、多选、判断、综合实务题出发，结合教材内容，挖掘出题的六大要点，即“概念定义”“呈办程序”“审批文件”“处罚情况”“限制期限”“税费计算”。我们将这六大部分考题归纳汇总，使本书内容清楚，考点明晰。

本书既扣住了教材要点，又汇总了近年考题，更能揭示未考题目。考生通过对这六大块内容的学习研究，可全面掌握报关实务的基本知识。解答考卷题目时，考生一定可以快速进入准确解答考题的状态，既省时又省力，轻松地攻破难关。

编著者

2007 年 4 月

目录 Contents

这是多年辅导的总结成果，这里有广大考生在整个考试过程中反映出来的实质性问题，如果考生和辅导老师不予以高度关注，不能正确处理和解决，对考试是极为不利的。

报关员资格全国统一考试已进行 12 次，其考试内容、范围、出题形式、题目数量逐步稳定，因此探讨考试中的问题具有普遍意义。

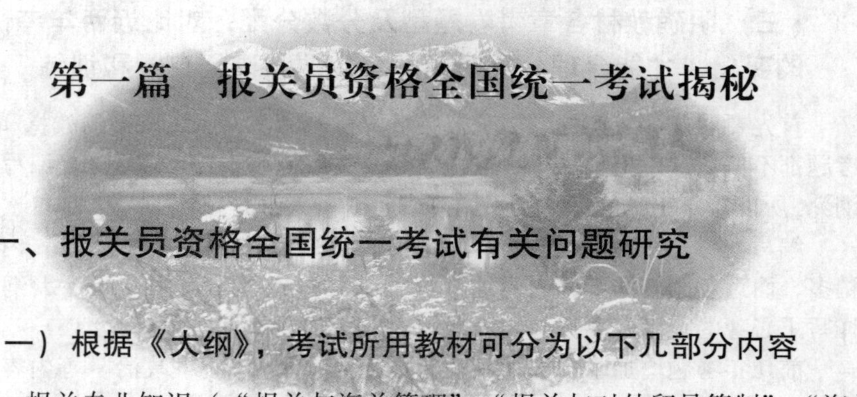

第一篇　报关员资格全国统一考试揭秘

一、报关员资格全国统一考试有关问题研究

（一）根据《大纲》，考试所用教材可分为以下几部分内容

1．报关专业知识（“报关与海关管理”；“报关与对外贸易管制”；“海关监管货物及其报关程序”）约占70分。

2．报关专业技能（“进出口商品归类”；“进出口税费的计算”；“报关单填制”）约占105分。

3．报关相关知识（“国际贸易实务”；“海关专业英语”）约占15分。

4．其他与报关工作相关的法律、行政法规（《海关法》；《关税条例》；《海关稽查条例》；《知识产权海关保护条例》；《海关行政处罚实施条例》；《海关统计条例》；《进出口货物原产地条例》）约占10分。从上述四部分内容来看，纯理论性的东西和死记硬背的知识所占分数仅为70分，而工作实践（专业技能）相关知识占105分，因此只靠阅读教材是远远不够的。学员要参加专家辅导班，在理解基本知识的基础上进行训练，或在掌握基本技能的基础上参加实践。

（二）明确考卷内容及出题指导思想，才能掌握试卷考点和考试范围，才能复习到位，不偏离要点

教材的“报关概述”“海关管理”“贸易管制”“报关程序”“税费计算与缴纳”“国际贸易实务”等内容，是通过考卷的单项选择题、多项选择题、正误判断题、综合实务题四类题型进行考查。而这些考题又是通过“概念定义”“呈办程序”“审批文件”“处罚情况”“限制期限”“税费计算”六大要点来设置的。

只有掌握这一辩证关系，才会阅读教材，才会解读试卷，才会抓住考点，才能明确题意的具体要求。

（三）明确教材各章考卷题型及分数分配，对比近两年考试题目的变化，才能合理分配时间，集中要点进行自学和训练

首先要明确，我们的考试是报关员资格的考试，所以所编的教材和拟出的考题都不偏离这一指导思想。最初没有《大纲》，近四年海关总署编写了《大纲》，所以每年出试的考题均不脱离或超出《大纲》范围。

编写教材是有指导思想的，前几年的教材对“国际贸易实务”内容涉及稍多，而近年则把这部分内容纳入报关单具体栏目内容中，但《大纲》还是详写了必考的范围和要点（自学教材时，一定要认真参考《大纲》）。

前几年考题增加了“WTO”“世界经贸地理”“时事政治”等内容（大体在7分左右），近年把这块内容删去。究其原因，其一是这些内容在具体考题中都有体现；其二是避免引导考生为了考试而专门或下大力气去攻读这些内容。

现在的教材内容已比较完善，内容精练，条目清楚。

具体的考分和题型，请考生在《报关员资格全国统一考试过关宝典（一）》有关篇目查阅。由于每年的试卷中考分和题型都不是完全一致的，因此，这些东西参考一下大有好处，免得自学时无从下手，抓不到要点，不明确考点，不知道出题者会从哪些地方出什么样的考题。

（四）如何看懂教材的要点和考点

每年考试完毕，大部分考生会感到：“今年我抓的要点大都没有用上。”这是为什么？从另一角度讲，每年考试完毕，也会有部分辅导老师感到：“今年我出的几套模拟试卷没有押中几个考题。”原因何在？因为考生和辅导老师抓的都是教材各章内容常见的要点。如关于“报关与海关管理”中的“通关”与“报关”的概念与含义，这的确是教材内容的要点，然而考试不会考这样的内容，因为出题人考虑到这些最基本的知识考生应该知道，所以就不需要出题考查了。又如关于“报关活动相关人”的范围，要紧紧抓住教材写的几个概念，即主要指经营海关监管货物仓储业务的企业，保税货物的加工企业，转关运输货物的境内承运人等。有的辅导老师从这一含义拟出的具体考题为：报关活动相关人包括：“A．保税仓库；B．出口监管仓库；C．海关监管货物的场所；D．报关行。”这些内容确是教材要点，但考卷偏偏考了这样的题型：“在某项加工贸易活动中，不可视作报关活动相关人的是：A．具有报关权，受加工贸易经营企业的委托，开展保税加工业务的企业；B．没有报关权，在海关办理了保税加工注册登记手续，受加工贸易经营企业的委托，开展保税加

工业务的企业；C. 具有报关权，由其经营并自行开展保税加工业务的企业；D. 没有报关权，亦未在海关办理保税加工注册登记手续，受加工贸易经营企业的委托，开展保税加工业务的企业。”类似这样的考题（考点）很多。我们发现，市场上有很多辅导书根据作者的个人认识大写特写考点是什么。我们认为，这样写并没有错，也可能写得非常准确，但考卷不会按照辅导书拟写的要点去出考题。另外一些考生和辅导老师仅仅抓住教材的某几个句子或重要的话作为要点，而考委会的专家更倾向于考查一些要点之外的考题或从工作实践中提炼出的问题，这样的考题，应该说出得很有水平，但广大考生适应不了。这样的考题很多。例如，2005 年考卷就有“海关对在报关员记分考核中记分达 30 分的报关员，可处以暂停其 6 个月以内从事报关业务资格的处罚”这样的判断题。记 30 分的情况是“因为走私行为被海关予以行政处罚，但未被暂停执业、取消报关从业资格，记 30 分”。因此该判断题的表述是错误的。因为教材还写到“根据海关规定，记分达到 30 分的报关员，海关中止其报关员证效力，不再接受其办理报关手续。报关员应当参加注册登记地海关的报关业务岗位考核，经岗位考核合格后，方可重新上岗”。

通过上述分析可知，考生要认真读书，注意理解，多采用比较的方法加强记忆。

（五）考卷上七组考题中，“商品归类”应是最难考的题目

第一个难点是如何准确快速查找商品编码，《报关员资格全国统一考试过关宝典（三）》中涉及很多这方面内容，在这里要强调的是，不通过专家辅导，不通过多次训练，不查找典型的商品编码，这一部分很难达到合格的分数线（即 40 分以上）。

查找未列名（即“其他”）商品时，一定注意研究推导不同“杠”数商品的关系，否则“其他”的商品与编码是找不准确的。

注意分析子目条文（商品名称）的语法关系，如中心词是什么？哪些修饰语与编码有关系？这些归类常识是决定查找正确与否的重要条件。

不通过亲自练习，就不清楚各章商品的范围，不能掌握各章商品的结构框架（排列顺序）；不通过练习查找“典型商品编码”就不能区分易混的、较难查找的商品。

（六）不懂修改报关单和英语、国际贸易知识欠缺的考生，应是过关的第二障碍

如何填制和修改报关单，在《报关员资格全国统一考试过关宝典（四）》

中涉及了很多这方面内容，在此只提示，要通过中文资料入手，先修改最容易的栏目；注意研究被考查栏目内容的逻辑关系；注意探讨报关单栏目填制新规范要求，采取对号入座的答题方法是很容易解决疑难问题的，而且节省答题时间。

（七）明确考卷题目数量、答题时间、涂卡时间，力争在考试时间内答完全卷

全卷七组考题，共165个小题，答题时间为180分钟，涂卡时间需15~20分钟。

部分考生在规定考试时间内答不完考题；部分考生答题卡涂得不规范最终成为不合格试卷；部分考生答完了考题，但没有涂完答题卡。

要想解决这些问题，就要掌握如下原则：解答判断题（倒扣分）时，不会的连题目都不必读完，没有100%的把握绝对不能涂卡；对单选、多选考题，力争一次过，因不是倒扣分，要尽量全答；综合实务题的选项要认真推敲题意要求。最重要的原则是，规划好答题时间，如不留有15~20分钟的涂卡时间，则会出现各种不理想的结果。

（八）一般考生答题分数极限分析及模拟考试的重要性

全考卷七组大题：一、单选25个，25分应考取18分，丢7分；二、多选25个，50分应考取30分，丢20分；三、判断25个，25分应考取15分，丢10分；四、综合实务20分，应考取12分，丢8分；五、商品归类20个，40分应考取20分，丢20分；六、填制报关单栏目20个，20分应考取15分，丢5分；七、修改报关单20分，考取10分，丢10分，共考120分，丢80分。

对考生来说，不看内容，乱猜也能押中20分考题。例如，多选的50分，只答ABCD也能得十余分，所以一个考生最终考取七八十分也不应高兴，要按上述情况力争过关。

临考前一个星期，一定要用180分时间解答一份模拟考卷，用标准的答题卡涂卡，检验一下答题时间，供正式考试时参考，此点尤为重要。

二、为什么报关员资格全国统一考试合格率之低

（一）发放新教材较晚，因此学习时间较短

现在每年一次的报关员资格全国统一考试的时间是当年的11月份的第一个周日，而新教材下发的时间是当年7月初，这样就只有三个多月时间供考生

学习新教材，因此时间上比较紧迫。有的考生提前阅读上一年的教材，这是弥补的一种好办法。

报关员资格考试的相关教材，即《报关员资格全国统一考试教材》、《进出口商品名称与编码》需要的学习时间因人而异。在不参加任何辅导班的情况下，在不脱离工作岗位的情况下，还是应先用几个月的时间自学旧教材。等新教材发放后，再用一个月时间将新旧教材对比，用两个月时间进行全面训练。

（二）盲目参加辅导班，收效甚微

第一次参加报关员资格考试的考生一定要先自学教材，起码通读一遍教材后再参加辅导班。目前各种考证辅导班，尤其是短班，仅用 3 ~ 5 天时间把全部教材串讲一遍，如考生事先没看过教材，应该说上辅导班的作用不大。相反，在通读一遍或多遍教材后去参加辅导班，效果就比较明显。

（三）不善于找差距，不总结失败的原因

两次以上参加报关员资格考试未过关的考生，一定不能自暴自弃，要认真总结经验教训，要及时地从有关网站获取当年考卷，要逐题研究正误，对照有关答案，推敲错误的原因。在研究试题时，还要深入一步，将考题归纳一下，哪些考题属于基本知识，哪些考题属于基本技能，对外贸、英语、法规、报关业务方面的考题解答得如何？此外还要认真研究当年的《大纲》，认真推敲哪些考题超出了当年《大纲》的考试范围。

（四）辅导老师辅导不到位，辅导时间不够

对“商品归类”问题的辅导，如不从考生角度讲述，最后考生还是不会查；首先要教考生查《进出口商品名称与编码》中的编码，尤其要讲透如何查找不同杠数的“未列名”（即“其他”）商品的编码。辅导老师要帮助考生总结归类技巧。如赵宏老师总结的“有列名归列名，没有列名归用途，没说用途归成分，没说成分归类别，不同成分按多少，相同成分要‘从后’”这一顺口溜，确实是查找商品编码的好方法。

“报关单改错”考题，一定要结合各种有代表性的案例进行辅导，否则就是纸上谈兵；同时要剖析重点栏目和疑难栏目，解答考生填写和修改中常遇到的问题，切实提高辅导效宜。

（五）辅导丛书内容编写滞后

到现在为止，尚未有权威性的辅导专著出版，很多学者都忙于编写（著）辅导丛书，个别作者急功近利，并不深究当年海关总署报关员资格考试教材编写委员会编写的《大纲》和教材的体例、纲目、章节等具体内容，却声称其作品和当年教材同步，这一做法是不可取的。

因此，我们是以2006年版教材内容和近年考卷试题为切入点，本着紧密结合各个层面、不同素质的考生的情况的原则来编写（著）本书。

以上几点，不可小看。这都是广大考生在整个考试过程中反映出来的实质性问题，如考生和辅导老师不予以高度关注，不能正确处理和解决，对考试将产生负面影响。

近几年，报关员资格全国统一考试合格率只有8%～12%，可见合格率之低，考生要做好充分准备。

三、报关实务六大出题指导思想浅析

报关员资格全国统一考试已进行了12次，其考试内容、范围、出题形式、题目数量已基本敲定，对于多年参加报关员资格全国统一考试总辅导的老师来讲，他们善于分析各年考卷及评点各类考题，能够帮助考生探讨考试中的规律性的东西。从报关员资格考试出题小组的角度讲，其常见的做法则是将报关员资格考试应考查的几大块内容通过几种出题形式，即“概念定义”“呈办程序”“审批文件”“处罚情况”“限制期限”“税费计算”等，结合当年海关法规政策的变化情况，拟就各种题目组成题库，然后从题库中抽出相应比例的考题，汇总成一份完整的考卷（按不同题目编号组成A卷和B卷。其实两卷考题内容一样，只是考题排列顺序不同，目的是防止考生作弊）。

就每份试卷看，其考题涉及教材所有内容，且不一定按教材的内容排序。这样，会给考生一个混乱的感觉，会给不太懂自学考试特点的考生带来自学和复习上的困难。然而只要把考试内容、考试方法和考试题型三者之间的关系点明，学生就会豁然开朗。本书重点就是帮助自学考生解决这一难题。只要认真阅读此书，进行对比分析，就能全面掌握应考内容的要点、难点，真正明白哪些内容是通过什么形式出题，而各种题目又该如何去应答。

第二篇　关于“概念定义”要点提示、考题总汇、预考题目揭秘

无论教材如何编写，都要详细、全面、系统地阐述一些名词概念。这些概念定义常在单项选择、多项选择、正误判断及综合实务题中体现，而更多的是在判断题中直截了当地考查。

什么是概念？概念是用逻辑方法，从实践中获得感性认识并对其进行抽象概括而形成的理念。

什么是定义？定义是通过对概念的内涵的把握，指出它所反映事物的本质，归纳而成的认识。

关于概念和定义的解释，都指出了从实践中获得认识并加以辨别的重要性。因此我们在掌握概念和定义时，必须运用比较、分析、综合、抽象、概括等方法，撇开对象的外部特征，抽出本质的、一般的、内部的联系，从而形成反映某对象的概念。

关于概念和定义的考题不仅仅局限在正误判断题，单选、多选中某些题目也与概念和定义有关。

下面我们按照报关员资格考试应该掌握的最基本的概念和定义一一举例和阐释，使考生在头脑中形成一个完整的知识结构链，构建一个系统的思维线索，快速地掌握这些基本的概念和定义。

一、“概念定义”要点提示

1. 什么叫海关？

海关是国家主权的象征，体现着国家的权力和意志。它是一个行政执法部门，是国家进出境监督管理机关。

2. 海关的任务是什么？

海关依照《海关法》和其他有关法律、行政法规，监管进出境的运输工具、货物、行李物品、邮递物品和其他物品；征收关税和其他税、费，查缉走私，并编制海关统计和办理其他海关业务。

3. 什么叫关境？

关境是世界各国通用的概念，指适用于同一海关法或实行同一关税制度的领域。

4. 什么是海关监管？

海关监管是指海关运用国家赋予的权力，通过一系列管理制度与管理程序，依法对进出境运输工具、货物、物品的进出境活动所实施的一种行政管理。

5. 什么是海关征税？

海关征税是指海关通过执行国家制定的关税政策，对进出口货物、进出境物品征收关税的行为。

6. 什么是查缉走私？

查缉走私是指海关依照法律赋予的权力，在海关监管场所和海关附近的沿海沿边规定地区，为发现、制止、打击、综合治理走私活动而进行的一种调查和惩处活动。

7. 什么是海关统计？

海关统计是以实际进出口货物作为统计和分析的对象，通过搜集、整理、加工处理进出口货物报关单或经海关核准的其他申报单证，对进出口货物的品种、数（重）量、价格、国别（地区）、经营单位、境内目的地、境内货源地、贸易方式、运输方式、关别等项目分别进行统计和综合分析，其目的是全面、准确地反映对外贸易的运行态势，及时提供统计信息和咨询建议，实施有效的统计监督，开展国际贸易统计的交流与合作，促进对外贸易的发展。

8. 什么是海关总署？

海关总署是国务院的直属机构，在国务院领导下统一管理全国海关机构、人员编制、经费物资和各项海关业务，是海关系统的最高领导部门。

9. 什么是直属海关？

直属海关是指直接由海关总署领导，负责管理一定区域范围内海关业务的海关。

10．什么是隶属海关？

隶属海关是指由直属海关领导，负责办理具体海关业务的海关，是海关进出境监督管理职能的基本执行单位，一般都设在口岸和海关业务集中的地点。

11．什么是海关缉私警察？

海关缉私警察是按照党中央、国务院决定，由海关总署、公安部门联合组建的一支专门打击走私和犯罪活动的队伍。

12．什么是现代海关制度？

现代海关制度是通过管理思想、管理制度、管理方法和管理手段的现代化而建立的适应社会主义市场经济体制和对外开放需要的充满生机和活力的海关管理新体系，它能全面地、高质量地实现海关执法和管理的各项职能。

13．什么是口岸电子执法系统？

口岸电子执法系统是与进出口贸易管理有关的国家 12 个部委利用现代计算机信息技术，将各部委分别管理的进出口业务信息电子底账数据集中存放在公共数据中心，为政府管理机关提供跨部门、跨行业联网数据核查服务，并为企业提供在网上办理各种进出口业务服务的国家信息系统。

14．什么是进出口货物收发货人？

进出口货物收发货人是指依法直接进口或者出口货物的中华人民共和国关境内的法人、其他组织或者个人。

15．什么是报关企业？

报关企业是指按照规定经海关准予注册登记，接受进出口货物收发货人的委托，以进出口货物收发货人的名义或者自己的名义，向海关办理代理报关业务，从事报关服务的境内企业法人。

16．什么是加工贸易合同备案？

加工贸易合同备案，是指加工贸易企业持合法的加工贸易合同向主管海关备案，申请保税并领取《加工贸易登记手册》或其他准予备案凭证的行为。

17. 什么是中国报关协会?

中国报关协会是由经海关批准的从事报关的企业和个人自愿结成的非营利性质的具有法人资格的全国性行业组织。

18. 什么叫“如实申报”?

“如实申报”是指进出口货物收、发货人在向海关申请办理货物通关手续时，应按规定的格式（报关单）真实、准确地填报与货物有关的各项内容。

19. 什么叫复验?

复验是指海关对已经查验过的货物再次进行查验。

20. 什么叫海关封志?

海关封志是指海关对所有未办结海关手续，处于海关监管状态的进出境货物、物品、运输工具及存放场所以及运送器进行加封。

21. 什么叫保税货物?

保税货物是指经海关批准未办理纳税手续进境，在境内存储、加工、装配后复运出境的货物。

22. 什么叫一般进出口货物?

一般进出口货物是指按照海关一般进出口监管制度进行监管的进出口货物。

23. 什么叫保税加工货物?

保税加工货物是指经海关批准未办理纳税手续进境，在境内加工、装配后复运出境的货物，包括专为加工、装配出口产品而从国外进口且海关准予保税的原材料、零部件、元器件、包装物料、辅助材料（简称料件）以及用上述料件生产的成品、半成品。也就是通常所说的加工贸易保税货物。

24. 什么叫来料加工?

来料加工是指由关境外企业提供料件，经营企业不需要付汇进口，按照境外企业的要求进行加工或装配，只收取加工费，制成品由境外企业销售的经营活动。

25. 什么叫物理围网监管？

物理围网监管是指经国家批准，在境内或边境线上划出一块地方，实现物理围网，让企业在围网内专门从事保税加工业务，由海关进行封闭式监管的监管方式。

26. 什么叫进料加工？

进料加工是指经营企业用外汇购买料件进口，制成成品后外销出口的经营活动。

27. 什么叫出料加工货物？

出料加工货物是指我国境内企业运到境外进行技术加工后复运进境的货物。

28. 什么叫保证金台账？

保证金台账是指对企业和商品实行分类管理，对部分企业进口的开展加工贸易的部分料件，银行要按照有关料件的进口税额征收保证金。

29. 什么叫保证金台账“空转”？

保证金台账“空转”是指加工企业为开展加工贸易在指定的银行开设保证金台账，并不向银行交付保证金的台账运作方式。

30. 什么叫保证金台账“实转”？

保证金台账“实转”是指企业在海关指定银行开设保证金台账后，将保证金存于海关在指定银行设立的账户，企业在加工产品出口并办理核销手续后，银行退还保证金及相当于活期存款利息的台账运作方式。

31. 什么叫保证金台账“不转”？

保证金台账“不转”是指 A 类企业经申请由海关批准，可以不设台账。

32. 什么叫海关受理合同备案？

海关受理合同备案是指海关根据国家规定在接受加工贸易合同备案后，批准合同约定的进口料件保税，并把合同内容转化为登记手册内容或作必要的登记，然后核发登记手册或其他准予备案凭证的海关行政许可事项。

33. 什么叫全额保税？

全额保税是指进口加工贸易项下的料件，在合同备案的数额内进口，可先予保税，加工后实际出口部分耗用的料件予以免税（核销），不出口部分按规定缴纳税款和缓税利息。

34. 什么叫定额保税？

定额保税是指对不具备全额保税条件的进料加工进口料件，根据《进料加工进口料件征免税比例表》的规定，对列入该表中的商品在进口时按95%作为出口部分保税，5%作为不能出口部分征税；对未列入该表的商品在进口时按85%作为出口部分保税，15%作为不能出口部分征税。如实际不出口部分小于纳税比例的，海关核定后在已征税幅度内退税；如实际不出口部分大于已征税比例的，应照章补税。

35. 什么叫先征后退？

先征后退是指加工贸易合同备案数额内的料件，进口时全额征税，待成品复出口时按实际消耗的料件退税。

36. 什么叫异地加工贸易？

异地加工贸易是指一个直属海关的关区内的加工贸易经营企业，将进口料件委托另一个直属海关关区内的加工生产企业加工，成品回收后，再组织出口的加工贸易。

37. 什么叫保税货物深加工结转？

保税货物深加工结转是指加工贸易企业将保税料件加工的产品结转至另一直属海关关区内的加工贸易企业进一步加工后复出口的经营活动。

38. 什么叫保税工厂？

保税工厂是指由海关批准的专门从事保税加工的工厂或者企业。这是在来料加工、进料加工和外商投资企业履行产品出口合同的基础上，发展形成的一种保税加工的监管形式。

39. 什么叫保税集团？

保税集团是指经海关批准，由一个具有经营权的企业牵头，在同一关区内，同行业若干个加工企业联合对进口料件进行多层次、多工序连续加工，直至最终产品出口的企业联合体。

40．什么叫保税仓库？

保税仓库是指经海关批准设立的专门存放保税货物及其他未办结海关手续货物的仓库。

41．什么是保税区？

保税区是指经国务院批准，在中华人民共和国境内设立的由海关进行监管的特定区域。

42．什么叫出口加工区？

出口加工区是指由省、自治区、直辖市人民政府报国务院批准，在中华人民共和国境内设立的，由海关对保税加工进出口货物进行封闭式监管的特定区域。

43．什么叫保税物流货物？

保税物流货物是指经海关批准，未办理纳税手续进境，在境内储存后复运出境的货物，也称作保税仓储货物。

44．什么叫出口监管仓库？

出口监管仓库是指经海关批准设立，对已办结海关出口手续的货物进行储存、保税货物配送、提供流通增值服务的海关专用监管仓库。

45．什么叫保税物流中心（A 型）？

保税物流中心（A 型）是指经海关批准，由中国境内企业法人经营，专门从事保税仓储物流业务的海关监管场所。

46．什么叫保税物流中心（B 型）？

保税物流中心（B 型）是指经海关批准，由中国境内一家企业法人经营，多家企业进入并从事保税仓库物流业务的海关集中监管场所。

47．什么叫保税物流园区？

保税物流园区是指经国务院批准，在保税区规划面积或者毗邻保税区的特定港区内设立的、专门发展现代国际物流的海关特殊监管区域。

48．什么叫特定减免税货物？

特定减免税货物是指海关根据国家的政策规定准予减免税进口并使用于特定地区、特定企业、特定用途的货物。

49．什么叫暂准进境货物？

暂准进境货物是指为了特定的目的，经海关批准暂时进境，按规定的期限原状复运出境的货物。

50．什么叫暂准出境货物？

暂准出境货物是指为了特定的目的，经海关批准暂时出境，按规定的期限原状复运进境的货物。

51．什么是ATA单证册？

ATA单证册是指经世界海关组织通过的《货物暂准进口公约》及其附约A和《ATA公约》中规定使用的、用于替代各缔约方海关暂准进出口货物报关单和税费担保文件的国际性通关文件。

52．什么叫进境展览品？

进境展览品是指在展览会中展示或示范用的货物、物品，为示范展出的机器或器具所需用的物品，展览者设置临时展台的建筑材料及装饰材料，供展览品做示范宣传用的影片、幻灯片、录像带、录音带、说明书、广告等。

53．什么叫出境展览品？

出境展览品是指国内单位赴国外举办展览会或参加国外博览会、展览会而运出的展览品，以及与展览活动有关的宣传品、布置品、招待品及公用物品。

54．什么叫集装箱？

集装箱是一种以轻金属制造的有一定规格的运输装备，是货物运输的一种辅助设备，同时它也可以是购进或售出的货物。

55．什么叫租赁？

租赁是指所有权和使用权之间的一种借贷关系，即由资产所有者（出租人）按契约规定，将租赁物件租给使用人（承租人），使用人在规定期限内支付租金并享有租赁物件使用权的一种经济行为。跨越国家（地区）的租赁就是国际租赁，而以国际租赁方式进出境的货物，即为租赁进出口货物。

56．什么叫转关？

转关是指进出口货物在海关监管下，从一个设关地转运至另一设关地办理某项海关手续的行为。

57．什么叫进口转关货物？

进口转关货物是指由进境地入境，在进口货物的收发货人或其代理人向海关申请转关后，运往另一设关地办理进口海关手续的货物。

58．什么叫出口转关货物？

出口转关货物是指在启运地已办理出口海关手续，运往出境地口岸，由出境地海关监管放行的货物。

59．什么叫境内转关货物？

境内转关货物是指从境内一个设关地点运往境内另一个设关地点，需经海关监管的货物。

60．什么叫海关事务担保？

海关事务担保是指与进出境活动有关的自然人、法人或者其他组织在向海关申请从事特定的进出境经营业务或者办理特定的海关事务时，以向海关提交现金、保函等方式，保证行为的合法性，或保证在一定期限内履行其承诺义务的法律行为。

61．什么叫剩余料件？

剩余料件是指加工贸易企业在从事加工复出口业务过程中剩余的可以继续用于加工制成品的加工贸易进口料件。

62．什么叫边角料？

边角料是指加工贸易企业从事加工复出口业务，在海关核定的单耗标准内，在加工过程中产生的，无法再用于加工该合同项下出口制成品的数量合理的废、碎料及下脚料。

63．什么叫残次品？

残次品是指加工贸易企业从事加工复出口业务，在生产过程中产生的有严重缺陷或者达不到合同标准，无法复出口的制成品（包括完成品和未完成品）。

64．什么叫副产品？

副产品是指加工贸易企业从事加工复出口业务，在加工生产出口合同规定的制成品（主产品）过程中产生的，且出口合同未规定应当复出口的一个或一个以上的其他产品。

65．什么叫受灾保税货物？

受灾保税货物是指加工贸易企业从事加工出口业务中，因不可抗力原因或其他经海关审核认可的正当理由造成损毁、灭失、短少等导致无法复出口的保税进口料件和加工制成品。

66．什么叫存单？

存单是指储蓄机构发给存款人的证明其债权的单据。

67．什么叫保函？

保函即法律上的保证。保函不是以具体的财产提供担保，而是以保证人的信誉和不特定的财产为他人的债务提供担保；保证人必须是第三人；保证人应当具有清偿债务的能力。

68．什么叫知识产权？

知识产权是指公民、法人或其组织对其在科学技术和文学艺术等领域内，主要基于脑力劳动创造完成的智力成果所依法享有的专有权利，因此又称智力成果权。

69．什么叫过境货物？

过境货物是指从境外启运，在我国境内不论是否换装运输工具，通过陆路运输继续运往境外的货物。

70. 什么叫转运货物?

转运货物是指由境外启运，通过我国境内设立海关的地点换装运输工具，不通过境内陆路运输，继续运往境外的货物。

71. 什么叫通运货物?

通运货物是指从境外启运，不通过我国境内陆路运输，运进境后由原运输工具载运出境的货物。

72. 什么叫无代价抵偿货物?

无代价抵偿货物（又称索赔进口货物）是指进出口货物在海关放行后，因残损、短少、品质不良或规格不符，由进出口货物的发货人、承运人或者保险公司免费补偿或更换的与原货物相同或者与合同规定相符的货物。

73. 什么叫进出境快件?

进出境快件是指进出境快件运营人，以向客户承诺的快速商业运作方式承揽、承运的进出境的货物、物品。

74. 什么叫溢卸、误卸货物?

溢卸货物是指未列入进口载货清单、运单的货物，或者多于进口载货清单、提单或运单所列数量的货物。

误卸货物是指将运往境外港口、车站或境内其他港口、车站而在本港（站）卸下的货物。

75. 什么叫放弃进口货物?

放弃进口货物是指进口货物的收货人或其所有人声明放弃，由海关提取依法变卖处理的货物。

76. 什么叫退运进出口货物?

退运进出口货物是指因货物质量不良或交货时间延误等原因，被国外买方拒收造成退运的货物，或因错发、错运造成的溢装、漏卸而退运的货物。

77. 什么叫转关运输?

转关运输是指进出口货物在海关监管下，从一个海关运至另外一个海关办理某项海关手续的行为，包括货物由进境地入境，向海关申请转关后运往另一个设关地点进口报关；货物在启运地出口报关后运往出境地，由出境地海关监管出境；海关监管货物从境内一个设关地点运往境内另一个设关地点报关三种情形。

78. 什么叫提前报关转关？

提前报关转关是指进口货物在指运地先申报，再到进境地办理进口转关手续，出口货物在货物未运抵启运地监管场所前先申报，货物运抵监管场所后再办理出口转关手续的方式。

79. 什么叫进口直转转关？

进口直转转关是指在进境地海关办理转关手续，货物运抵指运地再在指运地海关办理报关手续的进境货物的进口转关。

80. 什么叫出口直转转关？

出口直转转关是指在货物运抵启运地海关监管场所报关后，在启运地海关办理出口转关手续的出境货物的出口转关。

81. 什么叫中转转关？

中转转关是指在收、发货人或其代理人向指运地或启运地海关办理进出口报关手续后，由境内承运人或其代理人统一向进境地或启运地海关办理进口或出口转关手续。

82. 什么叫退关货物？

退关货物是指出口货物在向海关申报出口并被海关放行后，因故未能装上出境运输工具，发货单位请求将货物退运出海关监管区不再出口的货物。

83. 什么叫进出境行李物品？

进出境行李物品是指进出境旅客随身携带或以分离运输方式进出境的本人自用（含旅行自用）和家用生活消费品、个人馈赠品和收藏品。

84. 什么叫进出境邮递物品？

进出境邮递物品是指境内外用户以国际邮递和国际快递方式寄递的非贸易性印刷品和邮包（含包裹）。

85. 什么叫“双通道制”通关？

进出境旅客行李物品按“双通道制”通关，是海关按进出境旅客通关的有关规定，设置“申报”通道（又称“红色通道”）和“无申报”通道（又称“绿色通道”）的一种检验检查方法。

86. 什么是《协调制度》？

《协调制度》是指原海关合作理事会（1995 年更名为世界海关组织）在《海关合作理事会商品分类目录》（CCCN）和联合国的《国际贸易标准分类目录》（SITC）的基础上，参照国际上主要国家的税则、统计、运输等分类目录而制订的一个多用途的国际贸易商品分类目录。其全称叫《商品名称及编码协调制度》（HS）。

87. 什么叫商品归类？

将申报的货物，按其形态、性质、成分、加工程序、结构原理、功能、用途、技术指标和参数等，按归类总规则，在《进出口商品名称与编码》中找出正确的八位数号码为其归类。

88. 什么叫商品预归类？

商品预归类是指一般贸易的货物在实际进出口前，申请人以海关规定的形式向海关提出申请并提供商品归类所需要的资料，必要时提供样品，海关依法做出具有法律效力的商品归类决定的行为。

89. 什么叫海关行政裁定？

海关行政裁定是指为便利对外贸易经营者办理海关手续，方便合法进出口，提高通关效率，海关在货物实际进出口前，应对外贸易经营者的申请，依据有关的法律、行政法规和规章，对与实际进出口活动有关的海关事务做出的具有普遍约束力的决定。

90. 什么叫进出口税费？

进出口税费是指在进出口环节中由海关依法征收的关税、消费税、增值税、船舶吨税等税费。

91．什么叫关税？

关税是海关代表国家，按照国家制定的关税政策和公布实施的税法及进出口税则，对准许进出关境的货物和物品征收的一种流转税。

92．什么叫正税？

正税是按税则法定税率征缴的关税。

93．什么是附加税？

附加税是对货物除征收正税之外，另行征收的税。

94．什么叫从价税？

从价税是以货物的价格或者价值为征税标准，以应征税额占货物价格或价值的百分比为税率的税种。

95．什么叫从量税？

从量税是以货物的计量单位（如重量、数量、容量等）作为征税标准，以每一计量单位的应征税额征收的关税。

96．什么叫复合税？

复合税（又称混合税），即订立从价、从量两种税率，随着完税价格和进口数量的变化，征税时两种税率合并计征的税种。

97．什么叫滑准税？

滑准税是根据货物的不同价格适用不同税率的一类特殊的从价关税。较为普遍的是在税目中按价格次序设立相反的税率档次，完税价格越高，滑准税率越低。

98．最惠国税率的适用范围是什么？

最惠国税率适用于原产于与我国共同适用最惠国待遇条款的世贸组织成员国或地区的进口货物，或原产于与我国签订有相互给予最惠国待遇条款的双边贸易协定的国家或地区的进口货物。

99. 协定关税的适用范围是什么？

协定关税适用于原产于我国参加的含有关税优惠条款的区域性贸易协定的有关缔约方的进口货物。

100. 特惠关税的适用范围是什么？

特惠关税适用于原产于与我国签订有特殊优惠关税协定的国家或地区的进口货物。

101. 什么叫消费税？

消费税是对在我国境内生产、委托加工和进口的特定消费品征收的一种流转税。

102. 什么叫增值税？

增值税是对在我国境内销售货物或者提供加工修理、修配、劳务以及进出口货物的单位和个人，按其经营增值额和规定的税率征收的一种流转税。

103. 什么叫船舶吨税？

船舶吨税是海关代表国家在设关口岸对进出我国国境的国际船舶征收的用于航道设施建设的一种使用税。

104. 什么叫海关监管手续费？

海关监管手续费是对进口减免关税的货物和保税货物所征收的一种费用。

105. 什么是完税价格？

进出口货物的完税价格由海关以该货物的成交价格为基础审查确定，包括货价、货物运抵关境内和外运起卸前的运输费用及相关费用、保险费（在此应指出，出口货物完税价格中包含的出口关税税额应予以扣除）。

106. 什么叫成交价格？

成交价格是进口货物的买方为购买该项货物而向卖方实际支付或应当支付的货价。

107. 什么叫“相同货物”？

“相同货物”是指与进口货物在同一国家或者地区生产的，在物理性质、质量和信誉等所有方面都相同的货物，但是表面的微小差异允许存在。

108. 什么叫“类似货物”？

“类似货物”是指与进口货物在同一国家或者地区生产的，虽然不是在所有方面都相同，但是却具有相似的特性、相似的组成材料、相同的功能，并且在商业中可以互换的货物。

109. 什么叫合理方法？

合理方法是指当海关不能根据成交价格估价方法、相同货物成交价格估价方法、类似货物成交价格估价方法、倒扣价格估价方法和计算价格估价方法确定完税价格时，根据公平、统一、客观的估价原则，以客观量化的数据资料为基础审查确定进口货物完税价格的估价方法。

110. 什么叫价格磋商？

价格磋商是指海关在使用除成交价格以外的估价方法时，在保守商业秘密的基础上，与纳税义务人交换彼此掌握的用于确定完税价格的数据资料的行为。

111. 什么叫原产地规则？

原产地规则是一国（地区）为确定货物的原产地而实施的普遍适用的法律、法规和行政决定，是各国以本国立法形式制定的鉴别货物“国籍”的标准。

112. 什么叫实质性改变的产品？

实质性改变的产品是指产品经加工后，在《海关进出口税则》中千位数一级的税则归类中已经有了改变；或者加工增值部分所占新产品总值的比例已达到30%及以上的产品。

113. 什么叫法定减免税？

法定减免税是指进出口货物按照《海关法》、《关税条例》和其他法律、行政法规的规定可以享受的减免关税优惠。海关对法定减免税货物一般不进行后续管理。

114. 什么叫特定减免税？

特定减免税是指针对特定地区、特定用途、特定企业给予的减免关税优惠，也称政策性减免税。

115. 什么是关税的临时减免？

关税临时减免是指法定减免税和特定减免税以外的其他减免税，是由国务院根据某个单位、某类商品、某个时期或某批货物的特殊情况，给予特别的临时性的减免税优惠。

116. 什么是报关程序？

报关程序是海关根据其管理要求，对进出境货物、物品、运输工具的报关规定的一系列手续和步骤。

117. 什么叫电子数据报关单形式申报？

电子数据报关单形式申报是指进出口货物收发货人、报关企业通过计算机系统，按照《中华人民共和国海关进出口货物报关单填制规范》的要求向海关传送报关单电子数据并备齐随附单证的申报方式。

118. 什么叫纸质报关单形式申报？

纸质报关单形式申报是进出口货物收发货人、报关企业，按照海关的规定填制纸制报关单，备齐随附单证并向海关进行当面递交的申报方式。

119. 什么叫陪同查验？

陪同查验是指进出口货物的收发货人及其代理人，在向海关申报并被海关接受申报后陪同海关对所申报进出口货物进行查验、复验和提取货样的行为和义务。

120. 什么叫径行查验？

径行查验是指海关在进出口货物收发货人或其代理人不在场的情况下，对进出口货物进行开拆包装查验。

121. 什么叫提取货样？

提取货样是指海关为了进一步对货物组织检验或化验以及对暂时进出口的

货物进行识别而从货物中提取少量样品的行为。

122. 什么是进出境快件报关单?

进出境快件报关单是指进出境快件运营人向海关提交的申报以快件运输方式进出口货物、物品情况的一种报关单，如《KJ1 报关单》《KJ2 报关单》《KJ3 报关单》。

123. 什么叫报关单的“备案号”?

“备案号”是指经营进出口业务的企业在向海关办理加工贸易合同备案或征、减、免税审批备案等手续时，由海关给予的“中华人民共和国海关加工贸易手册”，“中华人民共和国海关加工贸易设备登记手册”、电子账册及其分册，“中华人民共和国海关进出口货物征免税证明”或其他有关备案审批文件的编号。

124. 什么是报关单的“经营单位”?

“经营单位”是指经国家外经贸主管部门及其授权部门核准，有权在一定的范围内从事对外经济贸易进出口经营活动的法人、其他组织或个人。

125. 什么叫报关单的“运输方式”?

“运输方式”是指国际贸易买卖双方就进出口货物交接、交换磋商决定的可采用的运输方式。进出口货物报关单所列的“运输方式”栏专指载运货物进出关境所使用的运输工具的分类，即海关规定的运输方式。

126. 什么是报关单的“贸易方式”?

所谓“贸易方式”是指以国际贸易中进出口货物的交易方式为基础，结合海关对进出口货物的监督管理而综合设定的对进出口货物的管理方式。

127. 什么叫报关单的“征免性质”?

“征免性质”是指海关根据《海关法》、《关税条例》及国家有关政策对进出口货物实施征、减、免税管理的性质类别。

128. 什么是报关单的“征税比例”?

“征税比例”用于原“进料非对口”（代码 0715）贸易方式下进口料件的进口报关单。现该栏不需填报。

129. 什么是报关单的“结汇方式”？

“结汇方式”是出口货物的发货人或其代理人收结外汇的方式。

130. 什么叫报关单的“境内目的地”？

“境内目的地”是指已知的进口货物在境内的消费、使用地区或最终运抵的地点。

131. 什么叫报关单的“境内货源地”？

“境内货源地”是指出口货物在境内的生产地或原始发货地（包括供货地点）。

132. 什么叫报关单的“成交方式”？

“成交方式”是指在进出口贸易中进出口商品的价格构成和买卖双方各自应承担的责任、费用和风险，以及货物所有权转移的界限。

133. 什么是报关单的“运费”？

“运费”是指进出口货物从始发地至目的地的国际运输所需要的各种费用。

134. 什么是报关单的“保费”？

“保费”是用于成交价格中不包含保险费的进口货物的保险费和成交价格中含有保险费的出口货物的保险费，即进口成交方式为 FOB、CFR 或出口成交方式为 CIF 的，应填报该份报关单所含全部货物国际运输的保险费。

135. 什么是报关单的“杂费”？

“杂费”是指成交价以外的，应计入完税价格或应从完税价格中扣除的费用，如手续费、佣金、回扣等。

136. 什么是报关单的合同协议号？

“合同协议号”是指在进出口贸易中，买卖双方或数方当事人根据国际贸易惯例或国家的法律、法规，自愿按照一定的条件买卖某种商品所签署的合同协议的编号。

137. 什么是报关单的“件数”？

“件数”是指外包装的单件进出口货物的实际件数，货物可以单独计数的一个包装称为一件。

138. 什么是报关单的“集装箱号”？

“集装箱号”是在每个集装箱箱体两侧标示的全球唯一的编号。

139. 什么是报关单的“随附单据”？

“随附单据”是指随进出口货物报关单一并向海关递交的单证，包括发票、装箱单、提单、运单、装运单等基本单证，监管证件，征免税证明、外汇核销单等特殊单证和合同、信用证等预备单证。

140. 什么是报关单的“数量及单位”？

“数量及单位”是指进出口商品的实际数量及计量单位。

141. 什么是报关单的“原产国（地区）/最终目的国（地区）”？

“原产国（地区）”是指进口货物的生产、开采或加工制造的国家或地区。“最终目的国（地区）”是指已知的出口货物最后交付的国家或地区，也即最终实际消费、使用或作进一步加工制造的国家或地区。

142. 什么是报关单的“征免”？

“征免”是指海关对进（出）口货物进行征税、减税、免税或特定处理的实际操作方式。

143. 什么叫毛重？

毛重是指货物及其包装材料的重量之和，即商品本身的重量加其包装材料的重量。

144. 什么叫皮重？

皮重是指商品的外包装材料的重量。

145. 什么叫净重？

净重是指货物的毛重减去外包装材料的重量，即商品本身的实际重量。

146. 什么叫理论重量?

理论重量是指某些货物有固定的规格和尺寸，只要尺寸符合，其重量大致相同，根据张数或件数，就可以计算出的重量。

147. 什么叫公量?

公量是指以科学方法除去商品中的水分（干燥重量），加上标准水分后所得的重量。

148. 什么叫对外贸易管制?

对外贸易管制是指一国政府为了国家的宏观经济利益、国内外政策需要以及履行所缔结或加入国际条约的义务，确立实行各种管制制度、设立相应管制机构和规范对外贸易活动的行为的总称。

149. 什么是进出口许可制度?

进出口许可制度是国家对进出口进行管理的一种行政制度，既包括准许进出口的有关证件的审批和管理制度本身的程序，也包括以国家各类许可为条件的其他行政管理手续。

150. 什么叫许可证件管理?

许可证件管理是指在一定时期内根据国内政治、工业、农业、商业、军事、技术、卫生、环保、资源保护等领域的需要，以及为履行我国所加入或缔结的有关国际条约的规定，以经国家各主管部门签发许可证件的方式实现各类进口限制的措施。

151. 什么叫关税配额管理?

关税配额管理是指一定时期内（一般是 1 年），国家对部分商品的进口制定关税配额税率并规定该商品进口数量总额，在限额内，经国家批准后允许按照关税配额税率征税进口，如超出限额则按照配额外税率征税进口的措施。

152. 什么叫出口配额限制?

出口配额限制是指为建立公平竞争机制，在一定时期内（一般是 1 年）规定出口数量总额，经国家批准获得配额的允许出口，否则不准出口的配额管理措施。

153. 什么是出入境检验检疫制度？

出入境检验检疫制度是指由国家出入境检验检疫部门依据我国有关法律和行政法规以及我国政府所缔结或者参加的国际公约、协定，对出入境的货物、物品及其包装物、交通运输工具、运输设备和出入境人员实施检验检疫监督管理的法律依据和行政手段的总和。

154. 什么是出口货物收汇管理？

为了防止出口单位将外汇截留境外，提高汇率，国家外汇管理局先后颁布了《出口收汇核销管理办法》和《出口收汇核销管理办法实施细则》，规定了出口外汇核销单管理方式，对出口货物实施直接收汇控制的一种管理措施。

155. 什么是国境卫生监督制度？

国境卫生监督制度是指出入境检验检疫机构根据《中华人民共和国国境卫生检疫法》及其实施细则，以及国家其他的卫生法律、法规和卫生标准，在进出口口岸对出入境的交通工具、货物、运输容器以及口岸辖区的公共场所、环境、生活设施、生产设备所进行的卫生检查、鉴定、评价和采样检验的制度。

156. 什么叫进口废物管理？

进口废物管理是国务院环境保护行政主管部门根据《中华人民共和国固体废物污染环境防治法》和《废物进口环境保护管理暂行规定》等法律法规，对进口废物所实施的禁止、限制以及自动许可措施的总和。

157. 什么叫濒危物种进出口管理？

濒危物种进出口管理是指中华人民共和国濒危物种进出口管理办公室会同国家其他部门，依法制定或调整《进出口野生动植物种商品目录》并签发“濒危野生动植物种国际贸易公约允许进出口证明书”（简称公约证明）、“中华人民共和国濒危物种进出口管理办公室野生动植物允许进出口证明书”（简称非公约证明）或“非《进出口野生动植物种商品目录》物种证明”（简称非物种证明）的形式，对该目录列明的依法受保护的珍贵、濒危野生动植物及其产品实施的进出口限制管理。

158. 什么叫进出口药品管理？

进出口药品管理是指为加强对药品的监督管理，保证药品质量，保障人体用药安全，维护人民身体健康和用药合法权益，国家食品药品监督管理局依照《中华人民共和国药品管理法》、有关国际公约以及国家其他法规，对进出口药品实施监督管理的行政行为。

159. 什么叫进出口黄金管理？

进出口黄金管理是指中国人民银行、商务部依据《中华人民共和国金银管理条例》等有关规定，对进出口黄金及其制品实施监督管理的行政行为。

160. 什么叫两用物项和技术？

两用物项和技术是指《中华人民共和国核出口管制条例》《中华人民共和国核两用品及相关技术出口管制条例》《中华人民共和国导弹及相关物项和技术出口管制条例》《中华人民共和国生物两用品及相关设备和技术出口管制条例》《中华人民共和国监控化学品管理条例》《中华人民共和国易制毒化学品管理条例》及《有关化学品及相关设备和技术出口管制办法》所规定的相关物项及技术。

161. 什么叫海关统计工作？

海关统计工作是指搜集、整理、分析我国对外贸易进出口货物原始资料，并形成海关统计资料的工作过程。海关统计是国家进出口货物贸易统计。

162. 什么叫海关稽查？

海关稽查是指海关自进出口货物放行之日起 3 年内或者在保税货物、减免税进口货物的海关监管期限及其后的 3 年内，对被稽查人的会计账簿、会计凭证、报关单证以及其他有关资料和有关进出口货物进行核查，以监督被稽查人进出口活动的真实性和合法性的行为。

163. 什么叫海关事务担保？

海关事务担保是指与进出境活动有关的自然人、法人或者其他组织，在向海关申请从事特定的经营业务或者办理特定的海关事务时，以向海关提交现金、保证函等方式，保证其行为合法性，保证在一定期限内履行其承诺的义务的法律行为。

164. 什么叫行政许可？

行政许可是指在法律一般禁止的情况下，行政主体根据行政相对人的申请，通过颁发许可证或执照等形式，依法赋予特定的行政相对人从事某种活动或实施某种行为的权利或者资格的行政行为。

165. 什么叫海关行政许可？

海关行政许可是指海关根据公民、法人或者其他组织的申请，经依法审查，准予其从事与海关进出关境监督管理相关的特定活动的行为。

166. 什么叫海关行政处罚？

海关行政处罚是行政处罚的一种，指海关根据法律授予的行政处罚权力，对公民、法人或者其他组织违反海关法律、行政法规和规章，依法不追究刑事责任的走私行为和违反海关监管规定的行为，以及法律、行政法规规定由海关实施行政处罚的行为所实施的一种行政制裁。

167. 什么叫海关行政复议？

海关行政复议是指公民、法人或其他组织认为海关及其工作人员的具体行政行为侵犯其合法权益，依法向海关的复议机关提出申请，由海关复议机关依照法定程序对该具体行政行为进行审查，并做出决定的活动。

168. 什么叫海关行政裁定？

海关行政裁定是指为便利对外贸易经营者办理海关手续，方便合法进出口，提高通关效率，海关在货物实际进出口前，应对外贸易经营者的申请，依据海关的有关法律、行政法规和规章，对与实际进出口活动有关的海关事务做出的具有普遍约束力的决定。

169. 什么叫贸易（监管）方式？

贸易（监管）方式专指以国际贸易中进出口货物的交易方式为基础，结合海关对进出口货物的监督管理综合设定的对进出口货物的管理方式。

170. 什么是一般贸易？

一般贸易是指我国境内有进出口经营权的企业单边进口或单边出口的贸易。

171. 什么是易货贸易?

易货贸易是指不通过货币媒介而直接用出口货物交换货物的贸易方式。

172. 什么是对销贸易?

对销贸易是易货、记账贸易、互购、产品回购、转手贸易等用于货物买卖范畴的以进出结合、出口抵补进口为共同特征的各种贸易方式的总称。

173. 什么叫补偿贸易?

补偿贸易是指由境外厂商提供或者利用国外出口信贷进口生产技术或设备，我方企业（包括外商投资企业）进行生产，以返销其产品的方式分期偿还对方技术、设备价款或贷款本息的交易方式。

174. 什么叫外商投资企业作为投资进口的设备、物品?

外商投资企业作为投资进口的设备、物品是指外商投资企业以投资（包括中方投资）总额内的资金所进口的机器设备、零部件和其他物料（指建厂或场以及安装、加固机器所需物料），以及根据国家规定进口的本企业自用的合理数量的交通工具、生产用车辆、办公用品和设备。

175. 什么叫国际贸易术语?

国际贸易术语，是通过长期的国际贸易实践形成的，用来表明商品的价格构成，说明货物交接过程中有关的风险、责任和费用划分问题的一种专门术语。

176. 什么叫国际贸易惯例?

国际贸易惯例，是为解决国际贸易上的一些问题，由国际商会、国际法协会等国际组织以及美国一些著名商业团体经过长期的努力，分别制定的解释国际贸易术语的规则，这些规则在国际上被广泛采用，因而形成为一般国际贸易惯例。

177. 什么是中性包装（Neutral Packing）?

中性包装是指在商品上和内外包装上均不注明生产国别的包装，中性包装有定牌中性和无牌中性之分。定牌中性是指在商品或包装上使用买方指定的商标、牌名，但不注明生产国别。无牌中性是指在商品和包装上均不使用任何商标和牌名，也不注明生产国别。

178. 什么叫佣金？

佣金是代理人或经纪人、中间商因介绍交易或代买代卖所获得的报酬。

179. 什么叫折扣？

折扣是卖方在一定条件下给予买方的价格减让。

180. 什么叫净价（Net Price）？

净价是指不包括佣金和折扣的实际价格。

181. 什么叫含佣价（Price Including Commission）？

含佣价是指包括佣金在内的价格。合同上表示为，在价格条件后加上代表佣金的缩写字母“C”和佣金率。

182. 什么叫裸装？

裸装是指一些自然成件、能抵抗外在影响，不必要用包装的货物，在储存和运输过程中，可以保持原有状态。

183. 什么叫散装？

散装是指将一些大宗的、廉价的、成粉粒块状的货物以及不必要包装、不值得包装的货物疏散地装载在运输工具内。

184. 什么叫国际多式联运？

国际多式联运是指按照多式联运合同以至少两种不同的运输方式，由多式联运经营人将货物从一国境内接受货物的地点运至另一国境内指定交付货物的地点。

185. 什么叫大陆桥运输（Land Bridge Transport）？

大陆桥运输是指使用横贯大陆的铁路或公路运输系统作为中间桥梁，把大陆两端的海洋运输连接起来的连贯运输方式（也可说在海洋运输的全过程中，插入一段横贯大陆的陆上运输。它是海—陆—海的一种连贯运输。它不论经过几个国家，也不论变换多少种运输工具，都由总承运人负责安排和承担运输责任）。

186. 什么叫提单?

提单是指货物承运人或其代理人，在收到货物后签发给托运人的一种证件。提单分为直达提单（Direct B/L）、转船提单（Transhipment B/T）、联运提单（Through B/T）。

187. 什么叫航空运单号?

航空运单号（Air Way Bill，AWB）是指由航空运输承运人或其代理人签发的货运单据上编排的号码。

188. 什么叫信用证?

信用证是银行在买卖双方之间保证付款的凭证。

189. 什么叫汇付?

汇付是指银行应付款人的要求，以一定方式将款项汇交收款人的支付方式，在对外贸易货款的支付中均指付款人主动通过银行或其他途径将款项交给收款人。

190. 什么叫电汇?

电汇是指进口地银行应买方申请，直接用电报发出付款委托书，委托出口地银行向卖方付款。

191. 什么叫票汇?

票汇是指买方向进口地银行购买银行汇票直接寄给卖方，由卖方或其指定的持票人向出口地银行取款。

192. 什么叫信汇?

信汇是指买方将货款交给进口地银行，由银行开具付款委托书，邮寄至出口地银行，委托其向卖方付款。

193. 什么叫托收?

托收是指债权人（国际贸易中为出口商）出具商业汇票，委托当地银行通过它在进口地的分行或代理行向债务人（国际贸易中为进口商）收取货款的一种支付方式。

194. 什么叫付款交单？

付款交单是指卖方托收时指示托收行，只有在买方付清货款时才交出单据。

195. 什么叫承兑交单？

承兑交单是指买方承兑汇票后即可取得单据，提取货物，待汇票到期时才付货款。

196. 什么叫可撤销信用证（Revocable L/C）？

可撤销信用证是指开证行在开出信用证之后，只要该证未被利用，就有权随时予以修改或撤销，不必事先征得受益人同意的信用证。

197. 什么叫不可撤销信用证？

不可撤销信用证是指一经开立，开证行如果未取得受益人及其他有关方的同意，则不得擅自撤销该信用证或修改其内容的信用证。

198. 什么叫保兑信用证？

保兑信用证是指由一家银行开立，由另一家银行加以保证兑付的信用证。

199. 什么叫即期信用证？

即期信用证是指开证行或付款行收到符合信用证条款的汇票及装运单据后，立即履行付款义务的信用证。

200. 什么叫银行承兑信用证？

银行承兑信用证是指付款行在收到符合信用证规定的远期汇票及装运单据时，先在汇票上履行承兑手续，当汇票到期再付款的信用证。

201. 什么是循环信用证？

循环信用证是指受益人在信用证有效期内交货提款后，信用证金额又自动恢复到原金额，可再次使用直至达到信用证规定使用次数或总金额为止的信用证。

202. 什么是备用信用证（Standby L/C）？

备用信用证是开证行应开证申请人的请求，对受益人开立的承诺某些义务的凭证，属于银行信用。当开证申请人未能按时偿付货款时，开证行为其偿付。

203. 什么叫不可抗力？

不可抗力又称人力不可抗拒，是指在合同签订后发生的合同当事人无法预见、预防且无法避免的致使合同当事人不能履行合同的事件。

204. 什么叫意向书？

在交易磋商尚未达成最后协议前，买卖双方为了达成某项交易，将共同争取实现的目标、设想和意愿，有时还包括初步商定的部分交易条件，记录于一份书面文件上，作为今后进一步谈判的参考和依据，这一文件就称为意向书。

205. 什么叫订单（Order）？

订单是指由进口商或实际买方拟制的货物订购单。

206. 什么是电子商务？

电子商务是通过电子计算机系统交换信息、磋商交易、订立合同、传递单据的一种行为（随着电子计算机通讯技术在国际贸易领域中的广泛应用，联合国国际贸易法委员会对数据电文法律有效性进行了立法）。

207. 什么叫备货？

备货是指在订立合同之后，为保证按时、按质、按量完成合同的交货义务，卖方按合同和信用证的要求，进行准备货物的工作。

208. 什么叫报验？

报验是指外贸公司在货物备妥后，根据约定条件向国家规定的商品检验机构申请对出口商品进行检验。

209. 什么是催证？

催证是为使合同顺利履行，在特殊情况下，卖方催促对方开立信用证的行为。

210. 什么是审证？

审证是指外贸公司在收到买方开来的信用证后，对照销售合同并依据《跟单信用证统一惯例》进行审核（审证的基本原则是，信用证的内容必须与销售合同的规定相一致，否则会直接影响我方安全收汇和履行合同）的行为。

211. 什么叫改证？

改证是指对信用证进行全面审核，如发现一些问题（如涉及包装、总金额、装船期、保险乃至一些拼写方面的错误），则要求国外客户通过开证行进行修改的行为。

212. 什么叫违约（Breach Contract）？

违约是指合约的一方当事人没有履行或没有完全履行其合约规定的义务的行为。

213. 什么叫轻微违约？

轻微违约是指债务人在履约中尽管存在一些缺陷，但债权人已经从合同履行中得到该交易的主要利益（当一方轻微违约时，受损方可以要求赔偿损失，但不能拒绝履行合同的义务或解除合同）的情况。

214. 什么叫重大违约？

重大违约是指债务人没有履行合同或履行合同有缺陷，致使债权人不能从合同履行中得到该交易的利益（在重大违约的情况下，受损方可以解除合同，还可以要求赔偿全部损失）的情况。

215. 什么叫交货（Delivery）？

交货是指卖方将货物和单据提交给对方。

216. 什么叫不交货？

不交货是指卖方不交运货物或不提交单据给对方。

217. 什么叫延迟交货？

延迟交货是指卖方没有严格按合同所规定的时间完成交货义务，而是在合同规定的交货期后一段时间才履行交货义务。

218. 什么叫汇票？

汇票是由一个人向另一个人签发的一张无条件的书面支付命令，要求接受命令的人见票或在特定的或可以肯定的将来某一日期，支付一定金额给特定的人或其他的人或持票人。

219. 什么叫即期汇票？

凡汇票上规定付款人见票后即需付款的称为即期汇票。

220. 什么叫远期汇票？

凡汇票上规定付款人于将来一定时期内付款的则称远期汇票。

221. 什么叫支票？

支票是以银行为付款人的即期汇票，即存款人对银行无条件支付一定金额的委托或命令。

222. 什么叫本票？

本票是指出票人签发的承诺自己在见票时，无条件支付确定的金额给收款人或持票人的票据。

223. 什么叫商业发票（Commercial Invoice）？

商业发票是出口商对进口商开立的发货价目清单，是装运货物的总说明。

224. 什么叫海关发票（Customs Invoice）？

海关发票是按非洲、美洲和大洋洲某些国家海关规定的格式，由出口商填制，供进口商凭以报关用的一种特别的发票。

225. 什么叫运输单据？

运输单据是承运方收到承运货物的收据，又是承运方与托运方之间运输契约的证明，如以可转让形式出立，它还具有物权凭证的效用，经过合法背书，可以不止一次地转让，其受让人即为货权所有人，正因为如此，它成为国际贸易中买卖双方最为关注、最重要的一种单据。

226. 什么叫保险单（Insurance Policy）？

保险单又叫大保单。它是一种正规的保险合同，除写明被保险人（投保人）的名称，被保险货物的名称，数量或重量，唛头，运输工具，保险的起讫地点，承保险别，保险币制和金额，赔款偿付地点，出具保险单的日期等项目外，还列有保险人的责任范围以及保险人与被保险人各自的权利义务等方面的详细条款。

227. 什么叫联合凭证（Combined Certificate）?

联合凭证是一种更简化的保险凭证。保险公司只在出口公司的商业发票上加盖印戳，并注明保险编号、险别、金额，其他项目以发票所列为主（这种凭证不能转让，目前仅用于港澳地区托收单据，以及香港地区中资银行港币来证单据）。

228. 什么叫预保合同（Open Cover）?

预保合同又叫总保合同，它是一种长期性的货物运输保险合同。在合同中规定承保货物的范围、险别、费率、责任、赔偿处理等项目，凡属于合同中约定的运输货物，在合同有效期内自动承保。

229. 什么叫批单（Endorsement）?

批单是指在保险单已经出立后，因原保险内容不符合信用证或合同的要求，保险公司应投保人要求而签发批改内容的凭证，它具有变更、补充原保险单内容的作用（保险单一经批改，保险公司需按批改后的内容来承担责任。因此，批单是保险单不可分割的一部分）。

230. 什么叫商检证书（Inspection Certificate）?

商检证书是商检机构对进出口商品实施检验或鉴定后，根据受验货物的实际检验结果，结合对外贸易合同、信用证的要求，对外签发的证件（商检证书是商检机构作为官方机构对外签发的具有法律效力的凭证，直接关系到对外贸易、运输、保险契约各方的合法权益和争议各方的利益）。

231. 什么叫寄单证明?

寄单证明是受益人根据信用规定，在货物装运前后的一定期限内，邮寄给规定的收受人以全套或部分副本单据（个别的要寄正本单据），并单独出具寄单证明或将寄单证明内容列明在发票内，作为向银行议付的单据。

232. 什么叫寄样证明?

寄样证明是指受益人根据信用证规定，签发寄出船样、样卡、码样等情况的证明。

233. 什么叫《2000 通则》?

INCOTERM2000，全称《2000 年国际贸易术语解释通则》，是目前在国际贸易中得到最广泛使用的贸易术语惯例。因为它生效于 2000 年 1 月 1 日，所以称为《2000 通则》。《2000 通则》将 13 种贸易术语按照不同的类别分为四组：E 组术语、F 组术语、C 组术语和 D 组术语。

234. 什么叫 E 组术语?

E 组术语：1 种，是发货术语，属“发货合同”性质。

EXW，术语译名“工厂交货”。它的风险转移界限是买方处置货物后，就是说卖方仅需在自己的地方把货物备妥，并由买方来提货后，即完成交货。EXW 术语是买方义务最大、卖方义务最小的术语，也是唯一的一个由买方在出口国负责清关的术语。它适用于各种运输方式。

235. 什么叫 F 组术语?

F 组术语：3 种，与 C 组同属“装运合同”性质，但卖方“主运费未付”。

FCA，术语译名“货交承运人”。它的风险转移界限是承运人处置货物后，就是说卖方仅需将货物交给买方指定的承运人，即完成交货。它适用于各种运输方式。

FAS，术语译名“装运港船边交货”。它的风险转移界限是货交船边后，就是说卖方按买方要求将货物运至码头或者驳船上，靠船边后即完成交货。它适用于水运（海洋运输和内河运输）。

FOB，术语译名“装运港船上交货”。它的风险转移界限是货物越过船舷，就是说卖方按买方要求将货物装上船后，即完成交货。它适用于水运。

236. 什么叫 C 组术语?

C 组术语共 4 种，与 F 组同属“装运合同”性质，但卖方“主运费已付”。

CFR，术语译名“成本加运费”。

CIF，术语译名“成本加运费、保险费”。

两者的风险转移界限都是货物越过船舷，都是表示卖方按买方要求将货物装上船后，即完成交货。但与 FOB 不同，CFR 要求卖方承担将货物运至目的地的运费，CIF 则要求卖方承担将货物运至目的地的运费和保险费。两者都适用于水运。

CPT，术语译名“运费付至”。

CIP，术语译名“运费、保险费付至”。

两者的风险转移界限都是承运人处置货物后，都表示卖方在转运地将货物交给承运人后，即完成交货。CPT 与 CFR 相同，要求卖方承担将货物运至目的地的运费，CIP 与 CIF 相同，要求卖方承担将货物运至目的地的运费和保险费。但这两种术语可适用于各种运输方式。

237. 什么叫 D 组术语？

D 组术语共 5 种，是到达术语，属“到达合同”性质。

DAF，术语译名“边境交货”；

DES，术语译名“目的港船上交货”；

DEQ，术语译名“目的港码头交货”；

DDU，术语译名“未完税交货”；

DDP，术语译名“完税后交货”。

这五种贸易术语，都意味着卖方应负责将货物运至边境或目的港或进口国内约定目的地或地点，并承担货物运至该地以前的全部风险和费用。其中 DES 和 DEQ 只适用于水运，DAF、DDU 和 DDP 适用于各种运输方式。DDP 更是与 EXW 相反，是唯一的一个由卖方在进口国负责清关的术语。

238. 什么叫定牌？

定牌就是应买方要求在出口商品和（或）包装上使用买方指定的商标或者牌号。其目的在于卖方可以利用买方的品牌声誉提高销路。但在此情况下，我方最后标明“Made In China”。

239. 什么叫国际多式联运？

国际多式联运是按照多式联运合同以至少两种不同的运输方式，由多式联运经营人将货物从一国境内接受货物的地点运至另一国境内指定交付货物的地点。

240. 什么叫班轮运输？

班轮运输又称定期船运输，是指船舶按固定的航线、港口以及事先公布的船期表航行，并按事先公布的费率收取运费来从事客货运输业务。班轮运输主要用于零星成交、批次较多、到港分散的货物的运输。

241. 什么叫租船运输？

租船运输是指租船人向船主租赁船舶进行货物的运输。

二、“概念定义”考题总汇

1. 某进出口公司欲进口一批货物，向日本某公司发出了要求报盘的邀请。在进出口业务中，我们称这种要求对方报盘的行为是：

A. 发盘　　B. 还盘　　C. 询盘　　D. 接受

（答案 C）　　（2001 年考卷单项选择题）

2. 根据《中华人民共和国海关法》的规定，进口货物的收货人、出口货物的发货人、进出境物品的所有人是关税的纳税义务人。其判断正确（2001 年考卷判断题）

3. 在国际贸易中，使用不同的价格条件成交，货物的灭失和损坏的风险转换的地点不同，在下列价格术语中，货物在装运港越过船舷为风险转移界限的价格术语是：

A. FOB　　B. CIF　　C. CFR　　D. DES

（答案 ABC）　　（2001 年考卷多项选择题）

4. 以船舶或航空器装载从一国境外启运，经该国设立海关地点，不换运输工具，继续运往其他国家的货物，称为转运货物。其判断错误。（2001 年考卷判断题）

此题考的是关于“转运货物”的概念含义。因转运货物是指由境外运进一国（地区）关境，到设立海关的地点换装运输工具后，不再接触关境陆地而直接运出该国（地区）关境的境外货物。上述内容不符合关于“转运货物”的含义的要求，所以是错的。

5. 不可撤销的信用证寄达受益人以后，在其有效期间内，非经开证人、开证银行、保兑银行或受益人等有关方面的同意，不得将该信用证的条款进行修改或撤销。其判断正确。（2001 年考卷判断题）

一般情况下，信用证上只要不注有“可撤销”字样，即视为不可撤销信用证。

6. 在国际货物买卖中，由于一方违反合同而给另一方造成的损失，违约方应负责给予损害赔偿，这种损害赔偿的金额最多不能超过违约方在订立合同时所能预见到的损失金额。其判断正确。（2002 年考卷判断题）

7. 运输包装上的标志就是指运输标志，也就是通常所说的唛头。其说法

错误。（2002 年考卷判断题）

运输标志又叫“唛头”。有关方面除唛头外还往往根据商品的性质刷上一些指示性和警告性标志，其目的是促使搬运人员及开箱拆包人员注意，以保障货物和操作人员的安全。

8. 所谓“异地加工贸易”是指加工贸易企业将保税料件加工的产品结转至另一直属海关关区的加工贸易区深加工后复出口的经营活动。其判断错误。（2002 年考卷判断题）

因为异地加工贸易是指某一加工贸易经营企业，将进口料件委托另一加工生产企业加工成成品回收后，再组织出口的加工贸易。题中的表述是加工贸易深加工结转的含义，是张冠李戴。

9. 省、自治区、直辖市人民代表大会和人民政府制定的地方法规、地方规章也是海关的执法依据。其判断错误。（2002 年考卷判断题）

海关执法的依据是《海关法》和其他有关法律、行政法规。省、自治区、直辖市人民代表大会和人民政府不得制定海关法律规范，其制定的地方法规、地方规章也不是海关执法的依据。

10. 在国际货物中，常用于中间商转货物交易的信用证是：

A. 对背信用证　　B. 对开信用证

C. 可撤销信用证　　D. 可转让信用证

（答案 AD）　　（2003 年考卷多项选择题）

11. 根据海关对报关单位的现行管理规定，指出下列哪些行为符合报关单位的报关行为规则：

A. 进出口货物收发货人代理其他单位报关

B. 专业报关企业接受具有自理报关权的某外商投资企业的委托，代理其报关

C. 代理报关企业接受本企业承揽、承运货物的进出口货物收发货人的委托，代理其报关

D. 专业报关企业临时借用其他单位报关员代表本企业报关

（答案 BC）　　（2003 年考卷多项选择题）

12. 违反《中华人民共和国海关法》及有关法律、行政法规，逃避海关监管、偷逃应纳税款、逃避国家有关进出境的禁止性或者限制性管理，有下列情形之一的，是走私行为：

A. 运输、携带、邮寄国家禁止或限制进出境货物、物品或者依法应当缴款的货物、物品进出境的

B. 未经海关许可并且未缴纳应纳税款、交验有关许可证件，擅自将保税

货物、特定减免税货物以及其他海关监管货物、物品、进境的境外运输工具，在境内销售的

C. 直接向走私人非法收购走私进口的货物、物品的

D. 运输、收购、贩卖依法应当缴纳税款的货物，没有合法证明的

（答案 AB）　　（2003 年考卷多项选择题）

13. 根据《关于货物暂准进口的 ATA 单证册公约》的规定，下列关于《ATA 单证册》的表述正确的是：

A. 是用于替代各缔约方海关暂准进出口货物报关单和税费担保的国际性通关文件

B. 是国际统一通用的海关申报单证

C. 一般由公约的各缔约方海关机构签发

D. 必须使用英语或法语，如果需要，也可以同时用第三种语言

（答案 ABD）　　（2003 年考卷多项选择题）

14. 下列关于进口税率适用的表述正确的是：

A. 按照普通税率征税的进口货物，不适用进口货物暂定税率

B. 对于无法确定原产国别的货物，按普通税率征税

C. 配额内税率只适用于享受最惠国待遇的国家和地区

D. 适用最惠国税率、协定税率、特惠税率的进口货物，暂定税率确定以后，按暂定税率征税

（答案 ABC）　　（2003 年考卷多项选择题）

15.《协调制度》中的税（品）目所列货品，除完整品或制成品外，还应包括：

A. 在进出口时具有完整品基本特征的不完整品

B. 在进口时具有制成品基本特征的未制成品

C. 完整品或制成品的未组装件或拆散件

D. 具有完整品或制成品基本特征的不完整品或未制成品在进出口时的未组装件或拆散件

（答案 ABCD）　　（2003 年考卷多项选择题）

16. 在国际航空运输中，航空运费一般按照货物的体积计算。其判断错误。（2003 年考卷判断题）

正确的说法应是“在国际航空运输中，航空运费在一般货物实际重量（千克）与体积重量（6 000 立方厘米折合 1 千克）中以高者计算”。

17. 符合报名条件，参加报关员资格全国统一考试并取得“报关员资格证书”者即成为报关员。其判断错误。（2003 年考卷判断题）

正确说法为“取得‘报关员资格证书’者，还必须受雇于一个有报关权的企业（单位），向海关注册，经海关批准后，方能成为报关员，代表所属企业向海关办理报关业务”。

18. 在直接代理报关中，代理人代理行为的法律后果直接由代理人承担；而在间接代理报关中，代理人代理行为的法律后果由代理人间接承担。其说法错误。(2003 年考卷判断题)

正确说法为“无论是直接代理报关还是间接代理报关，代理报关企业均应承担相应的法律责任”。

19. 我国对输往设限国家协议项下的纺织品实行的管理，是一种被动性质的配额管理。其说法正确。(2003 年考卷判断题)

20. 预归类申请人对多项商品申请约束性预归类的，应根据一项商品一份预归类申请书的原则分别提出。其说法正确。(2003 年考卷判断题)

因为根据海关有关规定，一份预归类申请书只能包含一项商品。

21.《中华人民共和国知识产权海关保护条例》规定，只有在海关总署备案的知识产权，才能向海关申请采取保护措施。其说法错误。(2003 年考卷判断题)

正确的说法应是“知识产权权利人发现侵权嫌疑货物即将进出口时，可以向货物进出境地海关提出采取保护措施的申请”。

22.《出口货物报关单》的“出口退税证明联”是海关对已办理出口申报的货物所签发的证明文件。其说法错误。(2003 年考卷判断题)

正确说法应是“《出口货物报关单》的‘出口退税证明联’是在货物装运离境后由海关签发的”。

23. 下列企业、单位中不属报关单位的是：

A. 经海关批准在海关临时注册的境内某大学

B. 在海关注册登记的经营进出境快件业务的某快递公司

C. 在海关注册登记的某外商投资企业

D. 在海关注册登记的经营转关运输货物境内运输业务的某承运人

(答案 D)　　　　(2004 年考卷单项选择题)

24. 下列关于报关单位和报关员关系的理解错误的是：

A. 取得报关员资格证书的人员必须受聘于某个报关单位，且由其所在报关单位为其向海关办理注册登记后才能成为报关员

B. 报关单位的进出口报关事宜应由报关员代表本单位向海关办理

C. 报关员基于所在企业授权的报关行为，其法律责任应由报关员承担

D. 对脱离报关员工作岗位和被企业解聘的报关员，报关单位应及时收回

其报关员证件，交海关办理注销手续，因未办理注销手续而发生的经济法律责任由报关单位负责

（答案 C）　　（2004 年考卷单项选择题）

25. 海关统计是国家进出口货物贸易统计，是国民经济统计的组成部分。其判断正确。（2004 年考卷判断题）

26. 下列关于国家对限制进口货物管理的表述错误的是：

A. 国家实行限制进口管理的货物，必须依照国家有关规定取得国务院外经贸主管部门或者由其会同国务院有关部门许可，方可进口

B. 实行配额或者非配额限制的进口货物，采取配额许可证管理

C. 关税配额内进口的货物，按照配额内税率缴纳关税

D. 关税配额外进口的货物，按照配额外税率缴纳关税

（答案 B）　　（2004 年考卷单项选择题）

27. 反补贴、反倾销和保障措施都属于贸易救济措施。反补贴、反倾销措施针对的是进口产品激增的情况，保障措施针对的则是价格歧视这种不公平贸易行为。其判断错误。（2004 年考卷判断题）

正确的说法应该是保障措施针对的是进口产品激增的情况，反补贴和反倾销针对的是价格歧视这种不公平贸易行为。

28. 关于知识产权海关保护备案与申请扣留侵权嫌疑货物两者之间的关系，下列表述错误的是：

A. 只有办理了知识产权海关保护备案的权利人才有权申请扣留侵权嫌疑货物

B. 没有办理知识产权海关保护备案的权利人申请扣留侵权嫌疑货物，必须补办备案

C. 海关发现侵犯备案知识产权的嫌疑货物，即使权利人不提出申请，海关也予以扣留

D. 没办理知识产权海关保护备案的权利人，按规定申请扣留嫌疑货物的，只要提供担保，海关应当扣留侵权嫌疑货物

（答案 ABC）　　（2004 年考卷多项选择题）

29. 下列关于约束性预归类的表述正确的是：

A. 预归类《决定书》自海关签发之日起一年内有效

B. 直属海关做出的预归类决定在本关区范围内有效

C. 海关总署做出的预归类决定在全关境范围内有效

D. 预归类《决定书》只准申请人使用

（答案 ABCD）　　（2004 年考卷多项选择题）

30. 进口货物的买卖双方存在特殊关系时，进口货物的成交价格不能作为海关审定完税价格的基础。其判断错误。(2004 年考卷判断题)

31. 在海关放行前遭受损失的货物可根据海关认定的受损程度减征关税。其判断正确。(2004 年考卷判断题)

32. 进出口货物报关单“数量及单位”栏必须按海关法定计量单位和成交计量单位填报。成交计量单位与法定计量单位不一致的，须填报向海关法定计量单位转换后的单位及数量，同时还需填报成交计量单位及数量。其判断正确。(2004 年考卷判断题)

33. 进出口货物收发货人向海关提供的有关货物化验、检验、鉴定的结果与海关组织的化验、检验、鉴定的结果不一致时，应以海关组织化验、检验、鉴定的结果为准。其判断正确。(2004 年考卷判断题)

34. 中性包装是指在商品和包装上均不使用任何商标和牌号，也不注明生产国别的包装。其判断错误。(2004 年考卷判断题)

中性包装是指在出口商品和内外包装上不显示生产国别的一种特殊的包装，分为定牌中性和无牌中性。定牌中性是在商品和外包装上使用买方指定的商标、牌号；无牌中性是指在商品和外包装上均不使用任何商标和牌号，也不注明生产国别。

35. 下列表述中，哪一项最符合法定重量的含义：

A. 纯商品的重量加上直接接触商品的内包装材料的重量

B. 商品本身的重量加上包装的重量

C. 商品本身的重量

D. 单件重量乘以件数得出的总重量

(答案 A)　　(2005 年考卷单项选择题)

36. 下列哪种单证属于商业类单证：

A. 银行汇票　B. 支票　C. 本票　D. 发票

(答案 D)　　(2005 年考卷单项选择题)

37. 下列关于进出口货物报关的表述，正确的是：

A. 进出口货物报关是指进出口货物收发货人或其代理人向海关办理货物进出境手续及相关海关事务的过程

B. 进出口货物报关只能在进出境地海关办理

C. 进出口货物报关可以由进出口货物收发货人自行办理，也可以委托报关企业代为办理

D. 进出口货物报关应由依法取得报关员从业资格，并在海关注册登记的报关员办理

（答案 ACD） （2005 年考卷多项选择题）

38．装箱单是用以说明货物包装细节的清单，又称为：

A．包装单 B．花色码单 C．下货单 D．关单

（答案 AB） （2005 年考卷多项选择题）

39．根据《2000 年国际贸易术语解释通则》，下列贸易术语中仅适用于水运运输方式的是：

A．CFR B．CIF C．CPT D．CIP

（答案 AB） （2005 年考卷多项选择题）

40．已向海关办理了报关注册登记的企业，在接受加工贸易经营单位的委托开展加工贸易生产时，应视其为报关活动相关人。其判断正确。（2005 年考卷判断题）

41．对外贸易经营者只能在国家允许的范围内为本企业从事对外贸易经营活动，不可以接受他人的委托，在经营范围内代为办理对外贸易业务。其判断错误。（2005 年考卷判断题）

42．公用保税仓库由主管仓储业务的中国境内独立企业法人经营，专门向社会提供保税仓储服务，其面积最低为 2 000 平方米。其判断正确。（2005 年考卷判断题）

43．海关规定，在进出口货物报关单填制中，经营单位编码第 6 位数为“8”的单位不得作为经营单位填报。其判断正确。（2005 年考卷判断题）

44．海关接受知识产权保护备案和采取知识产权保护措施的申请后，因知识产权权利人未提供确切的情况而未能发现侵权货物，未能及时采取保护措施或者采取保护措施不力的，由知识产权权利人自行承担责任。其判断正确。（2005 年考卷判断题）

45．在国际贸易中，根据货物种类的不同，对包装方式的要求也不尽相同。对于大宗颗粒或液态商品，如粮食、水泥、石油等，可直接装入运输工具内运送，称为裸装。其判断正确。（2005 年考卷判断题）

46．在记名提单、不记名提单和指示提单中，使用最为广泛的是指示提单。其判断正确。（2005 年考卷判断题）

47．由于使用海上货运单提货方便，节省费用，便于防止假单据欺诈，所以海运单使用范围正逐渐扩大。其判断正确。（2005 年考卷判断题）

48．下列关于报关企业与进出口货物收发货人报关范围的表述，正确的是：

A．两者均可在关境内各海关报关

B．两者均只能在注册地海关辖区内各海关报关

C. 报关企业可以在关境内各海关报关；进出口货物收发货人只能在注册地海关辖区内各海关报关

D. 报关企业可以在关境内各海关报关；进出口货物收发货人可以在关境内各海关报关

（答案 D） （2006 年考卷单项选择题）

49. 下列关于报关企业和进出口货物收发货人报关行为规则的表述，正确的是：

A. 进出口货物收发货人在海关办理注册登记后，可以在中华人民共和国境内各口岸或者监管业务集中的地点代理其他单位报关

B. 进出口货物收发货人依法取得注册登记许可后，可以在直属海关关区各口岸或者海关监管业务集中的地点办理本单位的报关业务

C. 报关企业如需要在注册登记许可区域内从事报关服务的，应当按规定向注册地直属海关备案

D. 报关企业如需要在注册登记许可区域内从事报关服务的，应当依法在关区各口岸设立分支机构，并且在开展报关服务前，按规定向注册地直属海关备案

（答案 D） （2006 年考卷单项选择题）

50. 下列关于进口废物管理的表述，错误的是：

A. 废物进口许可证实行“一批一证”管理

B. 存入保税仓库的废物必须取得有效废物进口许可证

C. 对未列入《限制进口类可用作原料的废物目录》的废物一律不得进口

D. 向海关申报允许进口的废物，应主动向海关提交废物进口许可证、入境货物通关单及其他有关单据

（答案 A） （2006 年考卷单项选择题）

51. 下列关于海关征收滞报金的表述，正确的是：

A. 计征起始日为运输工具申报进境之日起第 15 日，截止日为海关接受申报之日（即申报日期），起始日计入滞报期间，但截止日不计入滞报期间

B. 滞报金的日征收金额为进口货物完税价格的 5%

C. 滞报金计算至人民币“分”

D. 滞报金的起征点为人民币 50 元

（答案 D） （2006 年考卷单项选择题）

52. 从境外启运，在我国境内设立海关的地点换装运输工具，不通过境内陆路运输，继续运往境外的货物是：

A. 通运货物　B. 转口货物　C. 过境货物　D. 转运货物

(答案 D)　　(2006 年考卷单项选择题)

53. 下列选项在对外贸易交易中被称为“折扣”的是：

A. Allowance　　B. Insurance

C. Commission　　D. Freight

(答案 A)　　(2006 年考卷单项选择题)

54. 在某项加工贸易活动中，不可视作报关活动相关人的是：

A. 具有报关权，受加工贸易经营企业的委托，开展保税加工业务的企业

B. 没有报关权，在海关办理了保税加工注册登记手续，受加工贸易经营企业的委托，开展保税加工业务的企业

C. 具有报关权，由其经营并自行开展保税加工业务的企业

D. 没有报关权，亦未在海关办理保税加工注册登记手续，受加工贸易经营企业的委托，开展保税加工业务的企业

(答案 D)　　(2006 年考卷单项选择题)

55. 下列关于加工贸易企业联网监管的表述，正确的是：

A. 联网监管目前采用电子账册和电子手册两种方式进行管理

B. 电子账册分为经营范围电子账册和便捷通关电子账册

C. 电子手册管理以企业整体加工贸易业务为单元实施监管

D. 联网企业的加工贸易业务无须由商务主管部门审批

(答案 AB)　　(2006 年考卷多项选择题)

56. 下列选项中，属于汇付方式的有：

A. D/P　B. M/T　C. T/T　D. D/D

(答案 BCD)　　(2006 年考卷多项选择题)

57. 某企业申报进境的保税加工料件，经海关批准，在放行前全部退运出境。企业在填制出口货物报关单时，“贸易方式”栏填报错误的有：

A. 来料料件退换　　B. 进料料件退换

C. 直接退运　　D. 退运货物

(答案 A)　　(2006 年考卷单项选择题)

58. 进出口货物的报关是指进出口货物收发货人或其代理人在货物进出口时，采用电子数据报关单或纸质报关单形式向海关申报的行为。其判断错误。(2006 年考卷判断题)

59. 我国报关企业目前大都采取直接代理报关，即接受委托人（进出口货物收发货人）的委托，以报关企业自身的名义向海关办理进出口报关手续。其判断错误。(2006 年考卷判断题)

60. 进出境货物的海关现场放行就是结关。其判断错误。（2006 年考卷判断题）

海关进出境现场放行有两种情况：一种情况是货物已经结关；另一种情况是，货物尚未结关，对于保税货物、特定减免税货物、暂准进出境货物、部分其他进出境货物，放行时进出境货物的收发货人或其代理人并未办完所有的海关手续，海关在一定期限内还需进行监管，所以该类货物的海关进出境现场放行不等于结关。

61. 一般进出口货物也称一般贸易货物，是指在进出境环节缴纳了应征的进出口税费并办结了所有必要的海关手续，海关放行后不再进行监管，可以直接进入生产和流通领域的进出口货物。其判断错误。（2006 年考卷判断题）

这里所称的一般进出口货物并不完全等同于一般贸易货物。一般贸易货物中的“一般贸易”是指国际贸易中的一种交易方式。按“一般贸易”交易方式进出口的货物即为一般贸易货物。一般进出口货物，是指按照海关一般进出口监管制度监管的进出口货物。两者之间有很大的区别。

62. 我国进出口商品编码第 5、6 位数级子目号为 HS 子目，7、8 位级数子目号为本国子目。其判断正确。（2006 年考卷判断题）

63. 海关审定的进口货物的成交价格，是指卖方向中华人民共和国境内销售该货物时买方为进口该货物向卖方实付、应付的价格总额，包括直接交付的价格和间接支付的价款。其判断正确。（2006 年考卷判断题）

64. 在信用证支付方式下，银行根据买方的申请，以买方的名义向卖方开出保证付款的信用证，只要卖方提交符合信用证要求的单据，银行就保证付款。其判断正确。（2006 年考卷判断题）

65. 报关单填制中“CIF”“CFR”“FOB”等成交方式是中国海关规定的《成交方式代码表》中所指定的成交方式，与《2000 年国际贸易术语解释通则》中的贸易术语的内涵一致。其判断错误。（2006 年考卷判断题）

66. 在国际贸易实务的有关单证中，英语“VIA”后面跟的名词表示中转地，而“IN TRANSIT TO”后面跟的名词则表示目的地。其判断正确。（2006 年考卷判断题）

三、“概念定义”预考题目揭秘

1. 什么叫报关和通关？
2. 什么叫直接代理和间接代理报关？
3. 什么叫绿色通道？

4．什么叫海关垂直统一领导体制？

5．什么叫报关活动相关人、报关企业和报关员？

6．什么叫中国报关协会？

7．什么叫一般进出口货物、保税加工货物、保税物流货物、特定减免税货物和暂准进出境货物？

8．什么叫过境、转运、通运货物？

9．什么叫进出境快件？

10．什么叫租赁货物、无代价抵偿货物、进出境修理货物和出料加工货物？

11．什么叫溢卸货物、误卸货物、放弃货物和超期未报关货物？

12．什么叫退运货物和退关货物？

13．什么叫转关运输？

14．什么叫海关 H883/EDI 和 H2000 通关系统？

15．什么叫滞纳金和滞报金？

16．什么叫完税价格？

17．什么叫法定减免税、特定减免税和临时减免税？

18．什么叫毛重、净重、公量、理论重量、法定重量？

19．什么叫来料加工、进料加工、保税工厂和保税集团？

20．什么叫剩余料件、边角料、残次品、副产品和受灾保税货物？

△具体考题

1．报关是向海关办理货物、运输工具、物品的进出境手续及其他相关手续的行为。（错误）

2．报关单位是指依法经海关注册登记或经海关批准，向海关办理进出口货物报关纳税等海关事务的境内法人或其他组织。（正确）

3．报关员是经海关注册，代表所属企业（单位）向海关办理进出口货物报关纳税等海关事务的人员。（正确）

4．走私行为的主体可以是自然人，也可以是法人。（正确）

5．目前，我国的香港特别行政区、澳门特别行政区和台、澎、金、马三个地区内，各自实行单独的海关与关税制度，所以我国关境大于国境。（错误）

6．直接代理报关要比间接代理报关承担的法律责任更大。（错误）

7．进出口货物的收发货人、进出境运输工具的负责人、进出境物品的所有人必须向海关办理报关注册登记手续，才可向海关办理货物、物品或相关运输工具的报关手续。（错误）

8. 异地报关备案是指已在所在地海关办理了报关注册登记的报关企业，为取得在其他海关所辖关区报关的资格，而在有关海关办理报关备案的审批手续的海关管理规定。（正确）

9. 海关核销是指一般贸易货物、暂时进出境货物、特定减免税进口货物等已由海关放行，并按法定要求运作或使用后，由海关核定销案，准许货物出口或永久留在关境内的海关行政行为。（错误）

10. 海关签发的进出口货物报关单证明联是海关在核准货物实际入、出境后，按报关单格式提供的证明，是用作企业向税务、外汇管理部门办结海关手续的证明文件。（正确）

11. 保税货物是指经海关批准未办理纳税手续进境，在境内储存、加工、装配后复运出境的货物。（正确）

12. 来料加工是指由外商提供全部或部分原材料（主料）、辅料、包装材料，提供全部机械设备，由我方加工企业按外商的要求进行加工装配，成品交外商销售，我方收取工缴费，对外商提供的作价设备价款，我方用工缴费偿还的一种贸易方式。（错误）

13. 进料加工是指我国有关经营单位用现款购买进口原料、材料、元器件、零部件、配套件和包装物料加工成半成品或成品后外销的一种贸易方式。（错误）

14. 保税物流园区是经海关总署批准，在保税区规划面积或者保税区的特定港区内设立的、专门发展现代国际物流的海关特殊监管区域。（错误）

15. 保税仓库是经海关批准设立的专门存放保税货物及其他办结海关手续货物的仓库。（错误）

16.《ATA 单证册》又称《暂准进出口单证册》。（错误）

17. 进口关税是指一国海关以进境货物、运输工具和物品为征税对象所征收的一种税费。（错误）

18. 船舶吨税是由海关在设关口岸对进出、停靠我国港口的船舶征收的一种使用税费。（错误）

19. 滑准税是指在海关税则中，对同一税目的商品按其价格的高低分档，依次制定不同税率，依该商品的价格高低而适用不同档次税率计征的一种关税。（正确）

20. 原产地证明书适用于实施最惠国待遇、反倾销和反补贴、保障措施、原产地标记管理、国别数量限制、关税配额等非优惠贸易措施以及政府采购、贸易统计等活动中对进出口货物原产地的确定。（正确）

21. 佣金是指代理人或经纪人、中间商因介绍交易和代买代卖所获得的报

酬。(正确)

22. 折扣是指卖方在一定条件下给予买方的价格减让。(正确)

23. 保险金额是指货物发生损失时，买方可以向保险公司取得赔偿的最大限度。(错误)

综上所述，凡应试报关员资格者，必须首先掌握这些名词术语（即概念定义)，因为它们是从事报关工作所需的最基础的知识。只有具备了这些基本知识，才能更好地理解报关工作的全部内涵，明辨报关实务的真谛。

虽历年考卷中概念定义考题侧重点不同，但它指明了考试的具体内容。(应注意该概念定义的阐述是依照当年的法规政策解释的，因而也可以看出不同年代观念、规范的不同。)

上述习题点明了考点，缩小了复习范围。共同研究探讨预考的具体考题，注意理解概念定义的解析是非常重要的。

例如，关于“报关”和“通关”两个概念的理解，前者是指进出口货物收发货人、进出境运输工具负责人、进出境物品的所有人或者他们的代理人向海关办理货物、物品或运输工具进出境手续及相关海关事务的过程。而后者不仅包括海关管理相对人向海关办理有关手续的行为，还包括海关对进出境运输工具、货物、物品依法进行监督管理，核准其进出境的行为，所以两者是有联系又有区别的。又如，“报关”和“报检”根本就是两回事，前者是对海关而言，后者是对商检、卫检、动植物检而言的。所以，如概念定义混淆，就不能辨别“报关”、“报检”、“通关”各自的基本含义了，其他的问题也是如此。

第三篇　关于“呈办程序”要点提示、考题总汇、预考题目揭秘

“呈办”是以某种形式向上级请求的意思。而“程序”的含义，是事情进行的先后顺序。在海关工作中，办事要注意逐级上报。在报关员资格考试中，关于“呈办程序”的内容，对已具有工作经验的考生来讲，只要回忆和海关打交道的过程以及具体办事的情况，对这类考题容易做出解答；而未和海关打过交道的人，对这类考题则应认真理解相关内容，准确掌握，否则容易丢分。

一、“呈办程序”要点提示

1. 经营海关监管货物仓储的企业必须经海关批准，办理海关注册登记手续。

2. 海关监管、征税、查私、统计等任务的完成，是通过对进出境活动的监督来实现的，向海关报关、办理进出境手续是进出境活动的主要部分。

3. 根据我国《海关法》的规定，可以向海关办理注册登记的企业（单位）有两类：一是报关企业，主要包括报关行、国际货物运输公司等。二是进出口货物的收发货人，主要包括依法向对外贸易主管部门或者其委托的机构办理备案登记的对外贸易经营者等。

4. 报关企业注册登记一般包括报关企业注册登记许可申请、海关对申请的处理、海关对申请的审查、许可证的颁发四个步骤。

5. 报关企业如需要在注册登记许可区域（即另一直属海关关区）从事报关服务，应当依法设立分支机构，并且向拟注册登记地海关递交报关企业分支机构注册登记许可申请。

6. 海关年审程序：①提交《年审报关书》和相关资料；②审核并签发年审意见。

7. 一般进出口货物通关的基本手续，通常是由在进出境环节向海关申报、陪同海关查验、缴纳进出口税费和提取或装运货物四个基本环节组成。

8. 办理进出口货物的海关申报手续，应当采用纸质报关单和电子数据报关单形式。根据海关要求，收发货人应采用纸质报关单或电子数据报关单或同时采用纸质报关单和电子数据报关单向海关申报。

9. 保税加工货物的生产经营过程包括直接生产过程（加工或装配）和流

转过程（料件进口、成品复出口），从保税加工所需的料件进境到完成产品的复出口须依次经过三个阶段：

（1）料件的进口阶段。在该阶段，经营者在履行加工贸易合同的同时须向海关办理登记备案手续，并在货物运抵口岸时办理进口手续，提取料件运至加工企业。

（2）直接加工阶段。在该阶段，进口料件经过加工或装配，逐步改变它的性质、形态，最后生产出所需的制成品。

（3）成品复出口阶段。在这个阶段，保税加工的经营人，按照对外所签合同的约定，办理货运、出口等手续后将制成品复运或返销出口。

10. 保税进口货物通关程序由四个阶段组成：

①加工贸易合同的登记备案（保税储存货物免办）；②申报进口；③按最终去向申报出口或办理其他海关手续；④结案报核。

11. 保证金台账的操作程序：

①合同审批；②合同的登记备案；③台账开设；④登记手册的核发；⑤合同核销；⑥台账销账。

12. 按保税加工的通关要求，不按转关运输办理货物结转的结转手续可根据合同备案资料联网情况区别适用。已实现计算机联网管理的，其手续的顺序如下：

（1）转出报批。企业凭外经贸主管部门的深加工转出批准文件及“申请表”、《登记手册》、购销合同等向转出企业所在地海关提出结转申请，转出地海关核批后，通过计算机网络将结转内容传输至转入地海关。“申请表”交由转出企业带交转入企业。

（2）转入报批。转入企业在转出地海关核批的“申请表”上填写本企业相关资料并加盖企业印章，向转入地海关申办结转手续。转入地海关审核确认并签注是否分批送货的意见后，将“申请表”退交企业凭以办理结转报关手续。

（3）统一报关。经海关同意实行分批送货统一报关的，转出企业应按海关批准的货物实际数量送货。转入企业收货后应在“保税货物实际结转情况登记表”上登记、签章。在结转计划执行完毕或在规定的有效期内，转入、转出企业凭双方《登记手册》、“申请表”、购销合同或协议等单证到转入地海关办理进出口手续。对一次性办结送货手续的，则应在转入地海关一次性办理结转报关手续。

13. 对保税加工中不按转关运输办理货物结转手续的，如果按转关运输办理，其手续顺序如下：

（1）转出报批。（与不按转关运输办理货物的结转手续相同）

（2）转入报批。（与不按转关运输办理货物的结转手续相同）

（3）转入转关申请。转入企业向转入地海关提出转关申请，海关比照转关运输的监管规定开出“转关联系单”做关封，交由企业送转出地海关。

（4）转出报关及转关申请。转出企业持“转关联系单”、“申请表”、购销合同（协议）、转出企业的《登记手册》并填写“转关运输申报单”，按转关运输监管规定将货物转关监管转至转入地海关，并将出口报关单做关封交企业带至转入地海关。

（5）转入报关结转货物运抵转入地后，转入企业向转入地海关办理进口报关手续。

14. 特定减免税货物通关手续，分如下四个阶段：

（1）进口前减免税申请。特定减免税货物的纳税人或其代理人应在货物进口前，向海关提出减免税申请，由海关审核货物的性状、用途，申请人的资格等，对符合规定、具备条件的，核发相应的“征免税证明”，并由此给予其合法享受减免税进口货物的优惠。

（2）货物进口。在特定减免税货物运抵口岸后，收货人或其代理人应向海关办理进口手续。海关将审核“征免税证明”及其他报关单证，在有选择地查验货物后，准许货物由收货人或其代理人提取。

（3）使用期间接受监督和核查。特定减免税货物在使用期间，应按照海关的要求，定期或不定期呈报反映减免税货物使用情况的报表，配合海关抽查收货人或使用单位的账册或实存数，接受海关的监管。对监管期限内因故出售、转让和转移作他用的，提前向海关报告并补缴进口税。

（4）期限届满后解除监管。特定减免税货物的监管年限一旦到期，如货物由原使用单位或企业继续使用的，通常即可自行结关。但对期满后需出售、转让的，则应办理解除海关监管的手续后结关。

15. 暂准（时）进出口货物通关的基本手续是：

（1）进（出）口前的备案，这是主要针对进（出）口展览品的特殊监管措施，对其他暂准（时）进出口货物，可根据具体情况，经海关批准，在进（出）口前提前办理担保申请，进（出）口时可简化手续，凭有关单据通关。

（2）凭担保报关。在货物进（出）口时，收发货人或其代理人应向海关正式申报，海关查验收发货人提供的担保，以确保其履行在规定期限内原状复运进（出）口的义务，并经选择性查验和复核后，暂放货物进（出）口。

（3）使用期内接受海关核查。暂准（时）进（出）口货物应该用于事先确定的特定目的，在这一阶段，货物的使用者应随时接受海关对使用状况的核查。同时，对在使用期间因故需对货物做出其他方式处理的，应经海关批准并办理相应的海关手续。

(4) 复进（出）口时报关。暂准（时）进（出）口货物在境内外的使用，均有规定的期限。除期满前另有安排外，均应复出口或复进口。收发货人或其代理人应向海关办理复进（出）口手续。对境内外留购的，则应重新按实际进（出）口（一般进出口、减免税进口等）办理海关手续。

(5) 核销结关。暂准（时）进（出）口货物经使用，并按实际去向办理了相应的手续后，货物的收发货人或其代理人应凭有关凭证到备案地或原进出境地海关办理核销手续，经海关审核无误后，撤销担保。

16. 进口转关的手续。提前报关的进口转关手续是：在收货人或其代理人未向进境地海关办理转关手续前，应先向指运地海关录入“进口货物报关单”电子数据，以示申报。(指运地海关提前受理电子申报后，计算机系统自动生成“进口转关货物申报单”并传输至进境地海关；转关货物收货人或其代理人向进境地海关呈报“进口转关货物申报单”编号，并持海关规定的单证办理货物的进境及转关手续。)

17. 直转的进口转关货物的手续。由收货人或其代理人在进境地海关直接录入转关申报的电子数据，并持“进口转关货物申报单”等单证直接办理进境及转关手续，待货物运达指运地后向指运地海关办理货物的进口报关手续。

18. 具有全程提单，须换境内运输工具的中转转关货物的手续。在收货人或其代理人向指运地海关办理进口报关手续后，由境内承运人或其代理人，持《进口转关货物申报单》等单证向进境地海关批量办理货物转关手续。

19. 出口提前报关货物的转关手续。在货物未运抵启运地海关监管场所前，由货物发货人或其代理人向启运地海关录入“出口货物报关单”电子数据，以示申报。(启运地海关提前受理电子申报，计算机自动生成“出口转关申报单”数据，传输至出境地海关；货物运抵启运地海关监管场所后，发货人或其代理人持海关规定的单证向启运地海关办理出口转关手续；出口转关货物运抵出境地后，发货人或其代理人向出境地海关办理转关货物的出境手续。)

20. 出口直转方式转关货物手续。出口直转货物运抵启运地海关监管场所后，发货人或其代理人向海关填报录入“出口货物报关单”的电子数据，以示申报。其余手续均与出口提前报关的转关方式一致。

21. 具有全程提运单须换装境内运输工具的出口中转货物的转关手续是：发货人或其代理人向启运地海关办理出口报关手续后，由承运人或其代理人持“出口转关申报单”等单证向启运地海关办理出口转关手续；启运地海关核准后，签发“出口货物中转通知书”。承运人或其代理人凭以办理中转货物的出境手续。

22. 海关担保的手续是：

（1）担保申请。凡符合申请担保条件的货物，由担保人向办理有关货物进出口手续的海关申请担保，由海关审核并确定担保的方式。

（2）提供担保。以保证金方式申请担保的，由担保人向海关缴纳相当于有关货物的进口税费的保证金，并获取海关开具的“海关保证金收据”；以保证函方式申请担保的，由担保人按照海关规定的格式填写保证函一式两份，并加盖担保人印章，一份交海关备案，一份留存。

23. 申请知识产权海关保护程序。通常分为知识产权保护的备案和知识产权权利人申请海关保护两项手续。知识产权海关保护备案手续包括：①备案申请人；②备案申请书及有关文件；③备案批准及签发证书；④备案的变更；⑤备案的注销。

24. 过境货物进境手续。在过境货物进境时，经营人应当向进境地海关如实申报，并递交“中华人民共和国海关过境货物报关单”以及海关规定的其他单证，办理进境手续。过境货物进境地海关审核无误后，在运单上加盖海关监管货物的戳记，并将“过境货物报关单”和过境货物清单制作关封后，加盖海关监管货物专用章，连同上述运单一并交给经营人。经营人或承运人应当负责将进境地海关签发的关封完整及时地带交出境地海关。

25. 过境货物复出境手续。在过境货物出境时，经营人应当向出境地海关申报，并递交进境地海关签发的关封和海关需要的其他单证。出境地海关审核有关单位、关封和货物无误后，在运单上加盖放行章，货物在海关监管下出境。

26. 退运进口通关手续，是原出口货物退运进境时，原发货人或其代理人应填写进口货物报关单，保险公司证明，承运人溢装、漏卸的证明等资料。原出口货物中海关已出具退税报关单的，应交回原出口退税报关单或提供主管出口退税的税务机关出具的“出口商品退运已补税证明”，海关核实无误后，验放有关货物进境。

27. 退运出口通关手续。因故退运出口的境外进口货物，原收货人或其代理人应填写“出口货物报关单”申报出境，并提供原货物进口时的进口报关单，保险公司证明，承运人溢装、漏卸的证明等资料，经海关核实无误后，验放有关货物出境。

28. 进口货物的完税价格不能按照成交价格确定时，海关应当依次使用下列方法估定完税价格：①相同货物成交价格方法；②类似货物成交价格方法；③倒扣价格法；④计算价格法；⑤合理方法。

29. 陪同查验的手续：①准备单证、工具和封袋材料；②搬移货物，开拆包装；③提供单证，回答询问；④对查验结果和海关取样签字确认；⑤搬移货物，重封包装。

30．进口提前报关的转关货物报关手续。对提前报关的转关货物，进口货物的收货人及其代理人在进境地海关办理进口货物转关手续前，按实际贸易性质进入基本报关程序，向指运地海关录入“进口货物报关单”电子数据。指运地海关受理电子申报，同时由计算机自动生成“进口转关货物申报单”，并传输至进境地海关。

31．进口直转的转关货物报关手续。该货物的收货人及其代理人在进境地录入转关申报数据，持有关单证直接办理转关手续。

32．进口中转的转关货物报关手续。对具有全程提运单、需换装境内运输工具的中转转关货物，货物的收货人或其代理人按基本报关程序向指运地海关办理进口手续后，由境内承运人或其代理人持“进口转关货物申报单”、“进口货物中转通知书”，按指运地目的港分列的纸制舱单（空运方式提交联程运单）等单证向进境地海关办理货物转关手续。

33．提前报关的出口转关货物报关手续。发货人及其代理人在货物未运抵启运地海关监管场所前，先进入基本报关程序，向启运地海关填报录入“出口货物报关单”电子数据，由启运地海关提前受理电子申报，生成“出口转关货物申报单”数据，传输至出境地海关。发货人及其代理人应于电子数据申报之日起5日内，将货物运抵启运地海关监管场所，并持有关单证向启运地海关办理出口转关手续。货物到达出境地后，发货人及其代理人应持启运地海关签发的“出口货物报关单”和“出口转关货物申报单”或“出境汽车载货清单”以及“汽车载货登记簿”或“船舶监管簿”，向出境地海关办理转关出境手续。

34．出口直转的转关货物报关手续。收货人及其代理人在货物运抵启运地海关监管场所后，进入基本报关程序，向启运地海关填报录入“出口货物报关单”电子数据，启运地海关受理电子申报，生成“出口转关货物申报单”数据，传输至出境地海关。

直转的出口转关货物，发货人及其代理人应持“出口货物报关单”和“汽车载货登记簿”或“船舶监管簿”，以及“出境汽车载货清单”，在启运地海关办理出口转关手续。

直转的出口转关货物到达出境地后，发货人及其代理人应持启运地海关签发的“出口货物报关单”和“出口转关货物申报单”或“出境汽车载货清单”以及“汽车载货登记簿”或“船舶监管簿”，向出境地海关办理转关出境手续。

35. 经电缆、管道等方式输送货物的报关程序。经电缆、管道等运输方式运输进出口的货物，如水、油、电力、天然气等非固体商品以及计算数据、资料等，既无法确定进出境的时间，又不能像普通货物一样接受海关工作人员的直接检查、清点和核对，因此其报关往往采取定期报关方式，具体时间由主管海关决定，可以1个月报1次，也可以1周报1次，海关一般没有陪同查验的义务。

36. 过境货物报关程序。在过境货物进出境时，报关人应填写“过境货物入（出）境报关单”并随附有关单证，向入（出）境地海关申报，必要时陪同海关查验。承运人应将入境地海关签发的关封完整及时地带交出境地海关。（过境货物应自入境之日起6个月内运输出境。因特殊情况需要延长期限，应向海关申请延期，延长期不得超过3个月。）

37. 转运货物报关程序。由运输工具负责人及其代理人办理报关手续，在载有转运货物的运输工具进境后，提供列明转运货物名称、数量、启运地和到达地等内容的单证，向进境地海关申报，获准转运后，在海关的监管下换装运输工具，转运出境。（转运货物应在进境后3个月内转运出境。）

38. 通运货物报关程序。由运输工具的负责人及其代理人办理报关手续的，在载有通运货物的运输工具到达我国第一个口岸时，运输工具的负责人应在向海关申报的“国际航行船舶进口报关书”或“国际民航飞机进口舱单”上注明通运货物的名称、数量。通运货物未经海关许可，不得从运输工具卸下，因装卸其他货物需要装卸时，应向海关申请，在海关监管下进行，并如数装回原运输工具。（过境、转运、通运货物超过规定的期限3个月仍未运输出境的，由海关提取依法变卖处理。）

39. 租赁贸易货物报关程序。租赁贸易进口货物应缴纳进口关税、进口环节税、消费税。分期付租金的租赁贸易进口货物，可以要求按海关审定的完税价格一次性缴纳进口税。租赁进口或出口货物在租赁期满后应当复运出口或进口。对原租赁进口货物复运出口的，原缴纳的进口税不能退还；期满不复运出口的租赁进口货物留购的，应当按照留购价格缴纳进口税，进口时已按货物完税价格全额缴纳的除外。

40. 无代价抵偿货物报关程序。由原进出口货物的收发货人及其代理人按基本报关程序报关，但申报时要提供有关单证。其无代价抵偿进出口货物免领进出口许可证件，免纳进出口税费。（无代价抵偿货物应在原进出口合同规定的索赔期内“最长不得超过3年”进出口，超出索赔期限的，不能按无代价抵偿货物报关。）

41. 保税仓库进库货物报关程序。进口货物在保税仓库所在地进境时，除能够制造化学武器的化工品和易制毒化学品以外免领许可证件，由保税仓库经理人按基本报关程序办理进口报关手续，海关放行后提取存入保税仓库。

进口货物在保税仓库所在地以外其他口岸入境时，保税仓库经理人应按转关运输程序办理转关运输手续；货物运抵保税仓库所在地主管海关后按基本报关程序办理进口报关手续，海关放行后提取存入保税仓库。

42．保税仓库出库货物报关程序分4种不同的情况，对不同的货物应区别对待：

（1）保税仓库出库的进口复出口货物，包括退运出境或转口的货物，由保税仓库经理人及其代理人按基本报关程序办理出口报关手续。

（2）保税仓库出库的用于加工贸易的货物，由加工贸易企业及其代理人按加工贸易货物的报关程序办理进口报关手续。

（3）保税仓库出库的使用于特定地区、特定企业和有特定用途的货物，由享受特定减免税的企业及其代理人按特定减免税货物的报关程序办理进口手续。

（4）保税仓库出库的进入国内市场销售使用的货物，由用户及其代理人按一般贸易货物的报关程序办理进口手续。

保税仓库经理人应于每月的前5天将上月进库、出库、结存等情况列表并随附有关单证向主管海关报核。

43．出口监管仓进库货物报关程序。基本按报关程序办理出口报关手续，缴纳有关货物的出口完税价格的0.5‰的监管手续费，但在进库报关时不能领取海关签发的出口退税报关单，要到货物实际离境时才能领取。

44．出口监管仓出库货物报关程序。出库货物运出境外的，应领取海关签发的出口退税报关单。情况特殊，经批准不运出境外而转为境内销售的，应按基本报关程序办理进口报关手续，缴纳或免纳进口税费，原缴纳的出口税费不能退还。

出口监管仓的经理人应当在每月的前5天将上月的进库、出库、结存等情况列表并随附有关单证向主管海关报核。

45．出口加工区进出境货物报关程序。由进出境货物的收发货人及其代理人填写“中华人民共和国出口加工区进（出）境货物备案清单”，持加工区管委会批准件，向海关备案。除制造化学武器的化工品、易制毒化学品和出口被动配额管理商品以外，无须交验进出口许可证。除区内企业和行政管理机构自用的交通运输工具、生活消费用品进口应缴纳进口税以外，其他免纳进出口税费。

46．出口加工区进区或出区货物报关程序。此类货物一般视同出口或进口，由货物的收发货人及其代理人按基本报关程序办理出口或进口报关手续。在此应注意，因技术、工艺要求，需委托区外企业加工，在保证加工产品不改变原产品基本形态、数量的前提下，经海关批准，由区外企业按暂准（时）进口货物报关程序办理进口报关手续；区内使用的机器、设备、模具和办公用品等运往区外维修、测试或查验，由区内企业或机构填写“出口加工区货物运往区外维修查验联系单”，经海关核准、登记和查验后，运出区，并应自运出之日起两个月内复运进区。因特殊情况不能如期运回的，区内企业应于期满前7天内申请延期，延长期不得超过1个月。

47. 出口加工区之间往来货物报关程序。由收发货人双方联名向转出区主管海关提出申请。经海关核准后，按照转关运输的报关程序向海关办理报关手续。如其货物不能按照转关运输办理的，收货企业应向转出区海关缴纳与货物等值的担保金或提供其他担保，货物运抵转入区，并经海关核对无误后，收货企业向海关申请退还担保金或撤销担保。

48. 暂时进出境集装箱报关程序。其集装箱不论装货与否，有关经营企业及其代理人都应单独填写“进（出）口货物报关单”，向进出境地海关申报集装箱的数量、箱号等，并提供海关认可的担保。其集装箱复运进出境后，凭海关签退的“进（出）口货物报关单”向原进出境地海关办理申请撤销担保手续。（集装箱应当在进出境之日起3个月内复运出境或复运进境。因特殊情况需延长期限的，应向海关申请延期，延期不得超过3个月。到期不能复运进出境的，经营企业及代理人应当按一般贸易报关程序办理进出口报关手续。）

49. 出料加工进出口货物报关程序。首先签订出料加工合同，由外经贸主管部门审批，签发出料加工批准件。出料加工企业凭出料加工批准件和出料加工合同及有关单证到主管海关办理合同备案手续，由海关核发出料加工《登记手册》。出料加工企业及其代理人凭出料加工《登记手册》按基本报关程序办理出口和进口报关手续，其中出口料件或半成品属于应税的免纳出口税，但要提供担保；进口按进出口货物的差价缴纳进口税。（一般在境外加工的期限是6个月，情况特殊需要延期的，由出料加工企业向海关书面申请，经海关批准还可以延长3个月。合同到期或最后一批成品复运进境后1个月内向海关申请核销和撤销担保。）

50. 进口溢卸、误卸货物报关程序。由载运货物的原运输工具负责人自该运输工具卸货之日起3个月内，向海关申请办理退运出境手续，或者由该货物的收发货人，在该运输工具卸货之日起3个月内，向海关申请办理退运或者按基本报关程序申报进口。经载运该货物的原运输工具负责人或者该货物的收发货人申请，海关批准后，可以延期3个月办理退运出境或者申报进口手续。超期未向海关办理退运出境或申报进口手续的，由海关提取依法变卖处理。

51. 进口短卸货物报关程序。由收货人及其代理人向海关提供理货报告、商务签证或商检证书，经海关核查属实后，可对货物短卸部分相应减缴税款或将已缴税款退还。

52. 国际联运列车报关程序。国际联运列车必须在我国境内设有海关的边境进出车站停留，接受海关监管和核查。进境列车自到达车站起至接受海关检查完毕止，未经海关许可不得移动、解体（客车换轮除外），或擅自驶离进出境车站。进出境车站应向海关递交反映进出境列车载运的货物、物品以及上、下进出境旅客等实际情况的交接单据及商务记录，同时将列车驶入或驶离进出境车站的时间、车次、停发地点等事先通知海关。

联运列车载运的货物、物品进出境时，进出境列车应向海关递交有关单据进行申报。

53. 进出境汽车报关程序。进境汽车自进境起到办结该车辆及其所载货物的海关手续前，出境汽车在发车起到该车辆及其所载货物办结海关手续前，驾驶人员必须将"签证簿"所列项目填写清楚。其中对进境的汽车，还应申明在境内停留的时间。装载进出口货物的汽车，还应向海关交验载货清单一份。需到另一设关口岸办理放行手续的，应交验载货清单3份。进出境汽车经海关查验并在"签证簿"上签印放行后，方可继续内驶或出境。

二、"呈办程序"考题总汇

1. 报关员调动工作单位时，应持______的证明文件向所在地海关办理重新注册手续。

A. 调出单位一家　　　　B. 调入单位一家

C. 调出调入单位双方　　D. 报关协会

(答案 C)　　　　(2001 年考卷单项选择题)

2. 我国将加工贸易商品分为禁止类、限制类（包括限制甲类和限制乙类）、允许类。其中开展限制乙类商品加工贸易，需：

A. 经外经贸部批准

B. 经营单位所在地省级经贸主管部门审批

C. 经营单位所在地企业主管部门审批

D. 经营单位所在地省级主管部门和企业主管部门共同审批

(答案 B)　　　　(2001 年考卷单项选择题)

按加工贸易分类管理的有关规定，开展限制甲类商品的加工贸易，需国家外经贸部审批；开展限制乙类商品的加工贸易，由经营单位所在地省级外经贸部门会同企业主管部门审批，开展允许类商品的加工贸易，由经营单位所在地省级外经贸主管部门或其授权的地方外经贸主管部门审批。

3．进口货物的成交价格经海关审查未能确定的，海关估价方法的先后次序为：

A．类似货物成交价格法—相同货物成交价格法—国际市场价格法—国内市场价格倒扣法—其他合理价格法

B．相同货物成交价格法—类似货物成交价格法—国际市场价格法—国内市场价格倒扣法—其他合理价格法

C．国内市场价格法—国内市场价格倒扣法—相同货物成交价格法—类似货物成交价格法—其他合理价格法

D．类似货物成交价格法—相同货物成交价格法—国内市场价格倒扣法—国内市场价格法—其他合理价格法

（答案 B）（2001 年考卷单项选择题）

根据 2002 年新版《报关员资格考试教程》，进口货物的完税价格不能按照成交价格确定时，海关应当依次使用下列方法估定完税价格：①相同货物成交价格法；②类似货物成交价格法；③倒扣价格法；④计算价格法；⑤合理方法。

4．根据海关报关管理规定，目前可以向海关办理注册手续的企业有：

A．专门从事报关服务的企业

B．经营国际货物运输代理、国际运输工具代理等业务，并接受委托代办进出口货物报关的企业

C．有进出口经营权的企业

D．经常接受境外捐赠的儿童福利机构

（答案 ABC）（2001 年考卷多项选择题）

按《海关对自理报关企业的管理规定》，儿童福利机构不是经营进出口业务的经济实体，所以不可以向海关办理报关注册手续。

5．某公司进口了一批铜废碎料，根据国家现行规定，该公司在办理进口报关手续时，必须向海关递交由国家环保总局签发的“进口废物批准证书”。其判断正确。（2001 年考卷判断题）

此题既考了“呈办单位”（国家环保总局）又考了“审批文件”（“进口废物批准证书”）内容。

6．当进口货物的完税价格不能按照成交价格确定时，海关应当依次使用相应的方法估定完税价格，正确顺序是：

A．相同货物成交价格方法—类似货物成交价格方法—倒扣价格方法—计算价格方法—合理方法

B. 类似货物成交价格方法—相同货物成交价格方法—倒扣价格方法—计算价格方法—合理方法

C. 相同货物成交价格方法—类似货物成交价格方法—合理方法—倒扣价格方法—计算价格方法

D. 倒扣价格方法—计算价格方法—相同货物成交价格方法—类似货物成交价格方法—合理方法

(答案 A) (2002 年考卷单项选择题)

7. 根据目前海关的规定，专业报关企业的成立应由各直属海关批准后，报海关总署备案。其判断错误。(2002 年考卷判断题)

专业报关企业向海关注册登记前，必须先行向所在地海关提出开办申请，由所在地海关审核批准后上报海关总署审批，经海关总署批准后方可向所在地海关注册。

8. 四川成都一家企业对外出口一批自行车，经转关至广州黄埔口岸装船出境，该笔业务对外收汇 53 万美元，根据我国现行的外汇管理规定，该企业应该向成都市外汇管理局申领“出口收汇核销单”，并按规定办理相应的出口收汇核销手续。其判断正确。(2002 年考卷判断题)

以转关运输方式出口的货物，应在启运地外汇管理部门办理出口收汇核销手续。

9.《中华人民共和国海关法行政处罚实施细则》规定，不服海关行政处罚的当事人，只有向上级海关申请复议，只有对复议决定不服时才能向法院起诉。其判断错误。(2003 年考卷判断题)

按《海关行政处罚实施细则》有关条款规定，不服海关行政处罚的当事人，可以向上级海关申请复议，也可以向人民法院起诉。

10. 下列关于加工贸易深加工结转程序的表述正确的是:

A. 先进行加工贸易深加工结转的计划申报，再办理发货登记，最后办理报关手续

B. 先进行加工贸易深加工结转的计划申报，再办理报关手续，最后再收、发货

C. 先由转出企业向转出企业所在地海关进行计划申报，再由转入企业向转入企业所在地海关进行计划申报

D. 先由转出企业向转出企业所在地海关办理结转出口报关手续，再由转入企业向转入企业所在地海关办理进口报关手续

(答案 AC) (2004 年考卷多项选择题)

11. 上海某航运公司完税进口一批驳船，使用不久后发现大部分驳船油漆

剥落，向境外供应商提出索赔，供应商同意减价 60 万美元，并应进口方的要求以等值的驳船用润滑油补偿。该批润滑油进口时应当办理的海关手续是：

A. 按一般贸易进口报关，缴纳进口税

B. 按一般贸易进口报关，免纳进口税

C. 按无代价抵偿货物报关，缴纳进口税

D. 按无代价抵偿货物报关，免纳进口税

（答案 A）　　（2004 年考卷单项选择题）

12. 进口货物的收货人自运输工具进境之日起超过 3 个月未向海关申报的，其进口货物由海关提取依法变卖处理，变卖所得价款在优先拨付变卖处理实际支出的费用后，其他费用和税款的扣除顺序是：

A. 运输、装卸、储存等费用—进口关税—进口环节税—滞报金

B. 进口关税—进口环节税—滞报金—运输、装卸、储存等费用

C. 滞报金—进口关税—进口环节税—运输、装卸、储存等费用

D. 运输、装卸、储存等费用—滞报金—进口关税—进口环节税

（答案 A）　　（2004 年考卷单项选择题）

13. 出口合同如果采用 CIF 术语和信用证付款方式，其履行程序通常是备货、落实信用证、安排装运、办理保险、报验、报关、制单结汇、交单议付等。其判断正确。（2004 年考卷判断题）

14. 取得报关单位资格的法定要求是：

A. 是对外贸易经营者　　B. 是境内法人或其他组织

C. 经海关注册登记　　D. 有一定数量的报关员

（答案 C）　　（2005 年考卷单项选择题）

15. 下列进出口许可证件中实行“非一批一证”管理的是：

A. 进口废物批准证书

B. 濒危野生动植物国际贸易公约允许进出口证明书

C. 精神药品进口准许证

D. 进口药品通关单

（答案 A）　　（2005 年考卷单项选择题）

16. 向海关报关时适用保税区进境货物备案清单的是：

A. 保税区从境外进口的加工贸易料件

B. 保税区销往国内非保税区的货物

C. 保税区区内企业从境外进口自用的机械设备

D. 保税区管理机构从境外进口的办公用品

（答案 A）　　（2005 年考卷单项选择题）

17. 下列项目中属于海关行政许可范围的是:

A. 报关员资格核准及注册登记

B. 报关单修改、撤销审批

C. 进境货物直接退运核准

D. 加工贸易深加工结转核准

(答案 ABCD)　　(2005 年考卷多项选择题)

18. 进出口货物收发货人或其代理人配合海关查验的工作主要包括:

A. 负责搬移货物，开拆和重封货物的包装

B. 回答查验关员的询问

C. 负责提取海关需要作进一步检验、化验或鉴定的货样

D. 签字确认查验记录

(答案 AD)　　(2005 年考卷多项选择题)

19. 海关规定，除进出口货物的申报外，申请办理加工贸易合同备案、变更和核销等报关业务也应由依法取得报关员从业资格，并在海关注册登记的报关员办理。其判断正确。(2005 年考卷判断题)

20. 当货物看起来可归入两个或两个以上税目时，应按“从后归类”的原则归类。其判断错误。(2005 年考卷判断题)

归类总规则共有六条，“从后归类”的原则是其中的第三条第三款，而归类总规则必须逐条适用，即在进行某项商品的归类时，只有当第三条第三款之前的有关条款都不能解决时，才能运用该条款（“从后归类”），所以该题应判断为“错误”。

21. 下列关于报关企业与进出口货物收发货人报关范围的表述，正确的是:

A. 两者均可在关境内各海关报关

B. 两者均有可能在注册地海关辖区内各海关报关

C. 报关企业可以在关境内各海关报关；进出口货物收发货人只能在注册地海关辖区内各海关报关

D. 报关企业只能在注册地海关辖区内各海关报关；进出口货物收发货人可以在关境内各海关报关

(答案 D)　　(2006 年考卷单项选择题)

22. 下列关于报关企业和进出口货物收发货人报关行为规则的表述，正确的是:

A. 进出口货物收发货人在海关办理注册登记后，可以在中华人民共和国境内各口岸或者海关监管业务集中的地点代理其他单位报关

B. 进出口货物收发货人依法取得注册登记许可后，可以在直属海关关区

各口岸或者海关监管业务集中的地点办理本单位的报关业务

C. 报关企业如需要在注册登记许可区域以外从事报关服务的，应当按规定向注册地直属海关备案

D. 报关企业如需要在注册登记许可区域内从事报关服务的，应当依法在关区各口岸设立分支机构，并且在开展报关服务前，按规定向注册地直属海关备案

（答案 A）（2006 年考卷单项选择题）

23. 下列关于进口废物管理的表述，错误的是：

A. 废物进口许可证实行“一批一证”管理

B. 存入保税仓库的废物必须取得有效废物进口许可证

C. 对未列入《限制进口类可用作原料的废物目录》的废物一律不得进口

D. 向海关申报允许进口的废物，应主动向海关提交废物进口许可证、入境货物通关单及其他有关单据

（答案 A）（2006 年考卷单项选择题）

24. 下列列入《自动进口许可管理货物目录》的货物，可免交自动进口许可证的是：

A. 参加 F1 上海站比赛进口后须复出口的赛车

B. 加工贸易项下进口并复出口的成品油

C. 外商投资企业作为投资进口的旧机电产品

D. 每批次价值超过 5 000 元人民币的进口货样广告品

（答案 A）（2006 年考卷单项选择题）

25. 对于买卖双方之间存在的特殊关系是否影响进口货物的成交价格，承担举证责任的是：

A. 行业协会　　B. 卖方

C. 纳税义务人　　D. 海关

（答案 C）（2006 年考卷单项选择题）

26. 海关依法可以注销企业注册登记许可的情况有：

A. 注册登记许可有效期届满的

B. 被工商行政管理部门吊销营业执照的

C. 提供虚假资料，骗取注册登记许可的

D. 报关企业依法终止的

（答案 BCD）（2006 年考卷多项选择题）

27. 关于申报地点，以下表述正确的是：

A. 进口货物应当在进境地海关申报

B. 出口货物应当在出境地海关申报

C. 保税货物转为一般进口时应当在货物所在地海关申报

D. 经收货人申请，海关同意，进口货物可以在设有海关的指运地申报

（答案 ABD）（2006 年考卷多项选择题）

28. 海关可以对已查验货物进行复验，以下属于海关可以复验的情形是：

A. 经初次查验未能查明货物的真实属性，需要对已查验货物的某些性状做进一步确认的

B. 货物涉嫌走私违规，需要重新查验的

C. 进出口货物收发货人对海关查验结论有异议，提出复验要求并经海关同意的

D. 海关查验后，检验检疫部门提出复验要求的

（答案 ABCD）（2006 年考卷多项选择题）

29. 采用纸质手册管理的加工贸易企业向海关申请将剩余料件结转至另外一个加工贸易合同企业生产出口时，如不收取保证金、银行保函或采取其他相应的税收保全措施，应符合下列条件：

A. 同一经营单位　　B. 同一加工厂

C. 同样进口料件　　D. 同一加工贸易方式

（答案 ABCD）（2006 年考卷多项选择题）

30. 对于已缴纳进出口关税的货物，纳税义务人在规定期限内可以申请退还关税的有：

A. 因规格原因原状退运进境，并已重新缴纳因出口而退还的国内环节有关税收的

B. 因销售渠道不畅原状退货退运进境，并已重新缴纳因出口而退还的国内环节有关税收的

C. 因品质原因原状退货复运出境的

D. 因故未装运出口申报退关的

（答案 ACD）（2006 年考卷多项选择题）

31. 下列情形中，可以向海关申请行政复议的有：

A. 对海关做出限制人身自由的行政强制措施不服的

B. 认为海关违法收取滞报金的

C. 对海关税则归类有异议的

D. 对海关关于该企业的分类不服的

（答案 ABCD）（2006 年考卷多项选择题）

32. 暂准进出境货物在海关申报进出境时，暂不缴纳进出口税费，但收发

货人须向海关提供担保。其判断正确。（2006 年考卷判断题）

33. 海关对当事人依法应当申报的项目有疑问的，可以向当事人提出查询。如果查询的内容涉及商业秘密，当事人可以拒绝答复。其判断错误。（2006 年考卷判断题）

当事人应当做出答复，如果调查、收集的证据涉及国家秘密、商业秘密或者个人隐私，海关应当保密。

34. 在特殊情况下，经海关关长批准，海关可以不经事先通知径行稽查，但径行稽查时仍应制发稽查通知书。其判断正确。（2006 年考卷判断题）

35. 在海关行政处罚案件中，应当事人要求举行听证的，听证的费用应当由当事人承担。其判断错误。（2006 年考卷判断题）

三、“呈办程序”预考题目揭秘

1. 报关企业注册登记许可程序。

2. 报关单位注册登记换证手续和变更手续。

3. 出口黄金及其制品手续。出口企业应事先向中国人民银行申领“黄金产品出口准许证”（加工贸易除外）。进口黄金及其制品，进口企业应事先向中国人民银行申领批件，即“中国人民银行授权书”（加工贸易除外）。

4. 货物的进出境须经过海关审单、查验、征税、放行四个作业环节。

5. 一般进出口货物的报关程序。

6. 一般进出口货物收发货人修改申报内容或撤销申报的程序。

7. 海关对已查验货物进行复验的程序。

8. 海关监管货物报关程序。

9. 纸质手册管理下的保税加工货物报关程序。

10. 电子账册管理下的保税加工货物报关程序。

11. 出口加工区货物的报关程序。

12. 保税仓库和出口监管仓库所存货物的报关程序。

13. 保税物流中心（A 型）和保税物流中心（B 型）所存货物的报关程序。

14. 保税物流园区和保税区所存货物的报关程序。

15. 特定减免税货物和暂准进出境货物的报关程序。

16. 过境货物、转运货物、通运货物、进出境快件、租赁货物、无代价抵偿货物、进出境修理货物、出料加工货物、溢卸货物、误卸货物、放弃货物、超期未报关货物、退运货物和退关货物的报关程序。

17. 货物转关运输的报关程序。

18．海关估价中的价格质疑程序和价格磋商程序。

19．扣留侵权嫌疑货物的申请程序。

20．海关行政许可的程序。

△具体考题

1．报关员注册程序为：

A．报关单位向海关提出申请　　B．海关审核合格

C．海关颁发报关员证　　D．凭报关员证开展报关业务

（答案 ABC，没有 D 项内容）

2．下列哪个不属于报关员办理通关的程序：

A．进行电子申报　　B．递交书面单证

C．实施现场海关径行查验　　D．办理税费征收手续

（答案 ABD，C 项是海关进行查验，而报关员的工作是配合海关查验）

3．特定减免税货物进口报关三大程序是：

A．减免税申请　　B．进口报关

C．申请解除监管　　D．办理海关结转手续

（答案 ABC，C 已包括 D 的内容，在海关监管期限内，因特殊原因要求出售、转让、放弃货物，必须向海关提出有关解除监管的申请，直至办理海关结关手续）

4．××报关行接受某超市的委托从日本进口一批食品，这批食品在办理进口手续时无须办理的手续是：

A．进口申报　　B．货物查验

C．缴纳税费　　D．后期核销

（答案 D，不存在核销的程序）

5．企业办理加工贸易合同、海关备案及设立进口料件银行保证金台账的程序依次是：

A．合同备案　　B．手册申领

C．台账开设　　D．合同报批

（答案 ABCD）

6．我国现行对暂准进境货物的报关程序是：

A．申报　　B．缴纳相当于应付税款的保证金

C．暂缴税款　　D．查验放行

（答案 ABD，不包括 C）

7．下面是转运货物的报关程序，其呈报程序是否正确？

载有转运货物的运输工具进境后，运输工具负责人应填写“外国货物转运准单”一式三份向海关申报，同时提交列明转运货物名称、数量、启运地和到达地等内容的进口载货清单，经海关核实后，转运货物在海关监管下换装运输工具，在规定时间内出境。

（答案正确，转运货物报关程序要和过境、通运货物报关程序区别开来）

8. 对可归入两个及两个以上税号的商品，在税目条文和注释均无规定时，在进行商品税则归类时其归类顺序是：

A. 具体列名、最相类似、基本特征、从后归类

B. 具体列名、基本特征、从后归类、最相类似

C. 基本特征、最相类似、具体列名、从后归类

D. 最相类似、具体列名、从后归类、基本特征

（答案 B）

9. 当进口货物的完税价格不能按照成交价格确定时，海关应当依次使用的估定完税价格的方法是：

A. 类似货物成交价格法—相同货物成交价格法—倒扣价格法—计算价格法—合理法

B. 相同货物成交价格法—类似货物成交价格法—倒扣价格法—计算价格法—合理法

C. 倒扣价格法—计算价格法—相同货物成交价格法—类似货物成交价格法—合理法

D. 相同货物成交价格法—类似货物成交价格法—合理法—倒扣价格法—计算价格法

（答案 B）

10. 进行商品税则归类的具有法定效力的程序是：

A. 子目条文—子目注释—章注—类注—六条归类规则

B. 六条归类规则—类注—章注—子目注释—子目条文

C. 子目注释—章注—类注—六条归类规则—子目条文

D. 类注—章注—子目注释—子目条文—六条归类规则

（答案 A，采取逆行归类原则）

综上所述，应试报关员资格者，必须明确报关的各种程序，如先到哪一机关呈报，后到哪一机关呈报，先办什么业务后办什么业务。不遵循规范法定程序则会导致违规。应考者要注意理解程序先后的原因所在，认真考虑法规制约的重要依据，不要死记硬背，只有这样思考和学习才能真正掌握各报关程序的内容。

比如，已缴纳关税又对所缴纳关税产生质疑，那么无论采取哪种方式，其应诉和复议都是有一定程序的，绝不能先向法院起诉。又例如，《海关法》第九十二条规定：海关依法扣留的货物、物品、运输工具，在人民法院判决或海关处罚决定做出之前，不得处理。这些具体报关程序不掌握，也就不能正确无误地通关。应考者要把各报关程序掌握透彻，需要下苦功夫。

第四篇　关于“审批文件”要点提示、考题总汇、预考题目揭秘

所谓“审批文件”是下级向上级主管部门递交的资料；是有关企业（单位）向上级主管部门申请检验自己有关方面情况的材料。

从事报关工作是离不开这些内容的，报关员资格考试中这部分内容也是不可缺少的。

一、“审批文件、审批条件、审批内容”要点提示

1. 运输工具进出境报关时应向海关申明的主要内容有：运输工具进出境的时间、航次；运输工具进出境时所载运货物情况，包括过境货物、转运货物、通运货物、溢短卸（装）货物的基本情况；运输工具服务人员名单及其自用物品、货币、金银情况；运输工具所载旅客情况；运输工具所载邮递物品、行李物品的情况；其他需要向海关申报清楚的情况，如由于不可抗力原因，被迫在未设关地点停泊、降落或者抛掷、起卸货物、物品等情况。除此以外，运输工具报关时还需提交运输工具从事合法性国际运输的必备的相关证明文件，如船舶国际证书、吨税证书、海关监管簿、签证簿等，必要时还需出具保证书或缴纳保证金。

按我国海关规定，报关员资格考试的报名条件是：年满 18 岁具有完全的民事行为能力；具有高中毕业或中等专业学校毕业以上的学历（自 2008 年起，应试考生学历可能有新的要求）。

下列人员不能参加资格考试：（1）触犯刑律被判刑，刑满释放不到 5 年者；（2）因在报关活动中发生走私或严重违反海关规定行为，被海关吊销报关员证件未满 3 年者；（3）海关规定不能从事报关工作的人员。

2. 报关注册登记基本条件：海关要求企业必须拥有固定的服务场所和提供服务的必要设备；拥有一定数额的注册资本（目前海关规定其注册资本不低于人民币 150 万元）；拥有一定数量的报关从业人员。对于进出口货物的收发货人，其注册登记的条件比报关企业简单。凡是依照《对外贸易法》经对外经济贸易主管部门批准，从事对外贸易经营活动的境内法人或者其他组织均

可直接向海关办理注册登记。

3. 报关企业和自理报关的非外商投资企业向注册地海关办理年审手续，需提交“年审报告书”、“企业情况登记表”和有关文件资料，外商投资企业向工商行政管理部门领取并填写“联合年检报告书”。

4. 通过报关员资格考试取得“报关员资格证书”者，应持其所属的在海关注册登记的企业出具的下列证件，向所在地海关提出报关员注册的申请：

（1）“报关员注册申请书”；

（2）海关核发的企业注册登记证书；

（3）申请注册人所属企业的用工劳动合同或证明申请注册人为本企业正式职工的文件；

（4）申请注册人的中华人民共和国居民身份证；

（5）申请注册人的免冠照片（大一寸）两张，海关根据企业的申请以及企业进出口报关业务的需要，决定是否给予注册，同意注册者制发报关员证件。

5. 一般进出口通关有关单证是指与所报货物相适应的，凭“报关单”填报的单据和证件，主要包括因进出口交易而产生的货物成交、包装、运输结算和保险等进出口商业单据（例如：发票、装箱单、提单等），各进出境管理机关签发的管制批准文件（例如：许可证、机电产品进口证明、特定商品进口登记证明等）等。

6. 申请办理保税集团海关注册的保税集团内各成员企业必须具备下列条件：

（1）设立专门的管理机构，制定集团管理章程和符合海关对保税货物监管要求的管理制度；

（2）加工生产的产品应为国家鼓励出口的商品或重点出口创汇商品；

（3）具备加工出口成品的设备、技术和能力；

（4）具备符合海关监管条件的专门储存、堆放进口料件及加工成品、半成品的仓库、场所，并有相应的安全措施；

（5）按照国家会计法规的要求，建立有关进口货物和出口成品的储存、调拨、加工、销售等情况的账册；

（6）配备海关培训认可的熟悉海关规定的专职人员。

7. 仓库经理人在其经营的仓库具备了海关规定的仓储及管理条件后，应向主管海关提供下列文件：

（1）经营单位的工商营业执照，如是租赁仓库经营的，还应提供仓库经营人的营业执照；

（2）经营单位填写的“保税仓库申请书”，应填明仓库名称、地址、负责人、管理人员、储存面积及存放货物类别等内容；

（3）有关主管部门批准开展有关业务的批件，如寄售、维修等；

（4）其他有关资料，如租赁仓库的租赁协议、仓库管理制度文件等。

8. 进境运输工具载运的货物必须具备下列条件之一，方可办理转运手续：

（1）持有转运或联运提货单的；

（2）进口载货清单上注明是提货单的；

（3）持有普通提货单，但在起卸前向海关声明转运的；

（4）误卸的进口货物，经运输工具经理人提供确实证件的；

（5）因特殊情况申请转运，经海关批准的。

9. 进出境行李物品的所有人或其代理人申报时须向海关呈验的单证有：

（1）进出境旅客行李物品申报单、港澳同胞回乡证（磁卡）、台湾居民来往大陆通行证、免税物品登记证、运输工具服务人员出入境携带物品登记簿、集体申报单等；

（2）护照、港澳同胞回乡证（同时又是申报单证）、国际海员证、中华人民共和国旅行证等。

10. 按规定不适合加工贸易保证金台账制度的企业、进口料件金额不超过1万美元的合同，以及加工贸易进口外商提供的不作价设备，在办理加工贸易合同备案申请手续后可直接申领加工贸易《登记手册》。其他情况则必须在开设银行保证金台账后转银行签发的“银行保证金台账登记通知单”，向主管海关申领加工贸易《登记手册》。

11. 进出口货物申报人应根据《海关进出口货物报关单填制规范》的有关规定填写报关单各项栏目。一般情况下，应同时采用纸质报关单和电子数据报关单向海关申报。

12. 目前，中国海关有以下各种进出境报关单（证）：保税区进境货物备案清单、保税区出境货物备案清单、出口加工区进境货物备案清单、出口加工区出境货物备案清单、过境货物报关单、进境快件报关单、出境快件报关单、暂准进口单证册（ATA单证册）、进出口转关货物报关单、出口转关货物申报单等。

13. 各省级发证机构发证商品目录包括：

（1）汽车轮胎；

（2）消耗臭氧层物质；

（3）摩托车及其关键件；

（4）照相机及其机身；

（5）手表；

（6）汽车起重机及其底盘。

14. 外经贸部配额许可证事务局对出口货物许可的签发范围为：

（1）按照外经贸部规定的《分级发证目录》，签发《分级发证目录》授权范围内的出口货物许可证；

（2）在京的中央管理企业的出口许可证；

（3）国家无进出口经营资格的单位出运货物需要办理的出口许可证。

15. 外经贸部、驻各地特派员办事处发证范围：

（1）按照外经贸部规定的《分级发证目录》，签发联系地区内各类进出口业务、联系地区内中央管理企业及配额由地方管理的在京中央管理企业子公司的出口许可证；

（2）按照外经贸部规定的《分级发证目录》，签发联系地区内各类进出口企业配额招标和配额招标有偿使用商品出口许可证；

（3）发放外经贸部规定的其他商品的出口许可证。

16. 各省、自治区、直辖市及计划单列市外经贸委（厅、局）（各地方发证机构）发证范围：

（1）按照外经贸部规定的《分级发证目录》，签发本地各类进出口企业的出口许可证（西藏自治区外经贸厅签发出口货物许可证的范围，需按外经贸部的有关规定确定）；

（2）无进出口经营资格的单位出运货物需要办理的出口许可证；

（3）签发外经贸部规定的其他商品的出口许可证。

17. 按限制出口技术管理规定：

（1）技术出口经营者，凡出口列入《中华人民共和国禁止出口、限制出口技术目录》中限制出口的技术时，应填写“中国限制进出口技术出口申请书”，报外经贸部履行出口许可手续；

（2）出口申请获得批准后，由外经贸部颁发“中华人民共和国技术出口许可意向书”，其有效期为1至3年，金融、保险机构凭以办理有关业务；

（3）技术进口经营者签订技术出口合同后，应持“中华人民共和国技术出口许可意向书”、合同副本、技术资料出口清单、设备出口清单和相关产品出口清单，领取“中华人民共和国技术出口许可证”，并凭以办理海关手续；

（4）技术出口经营者获得“中华人民共和国技术出口许可证”后，如需要更改技术进口内容，应按规定的程序重新履行技术进口许可证手续。

18. 进口属于自动进口许可证管理的货物，进口经营者应当在向海关申报前，向发证机关提交自动进口许可证申请。

19. “自动进口许可证”实行“一批一证”制。如未使用，应交还发证机关并说明原因。

20. 进口特定机电产品，申请进口单位应当如实填写“机电产品进口申请表”，向相关的地方有关主管机构申领“机电产品进口许可证”。

21. 我国目前限制出口的技术目录主要有《两用物项和技术出口许可证管理目录》和《中国禁止出口限制出口技术目录》等。

22. 除国家禁止、限制进出口货物、技术外的其他货物、技术，均属于自由进出口范围。自由进出口货物、技术的进出口不受限制，但基于监测进出口情况的需要，国家对部分属于自由进口的货物实行自动进口许可管理，对自由进出口的技术实行技术进出口合同登记管理。

23. 濒危野生动植物种进出口管理范围有：凡列入《濒危野生动植物种国家贸易公约》附录一和附录二文件中全部物种，列入《国家重点保护野生动物名录》和列入《国家珍贵树种名录》的全部物种均是珍贵野生动植物种。上述物种是指：

（1）活的或死的动物、植物；

（2）物种的衍生物；

（3）人工培养的野生物种；

（4）野生动物的皮张、羽毛、掌骨、器官等。另外，含有珍贵野生动植物种成分的中药材，也属于濒危野生动植物种进出口管理范围。

24. 凡出口珍贵稀有野生动物，如大熊猫、金丝猴、扬子鳄、中华鲟等，必须事先报请中华人民共和国濒危物种进出口管理办公室核准后，发给“野生动植物允许出口证明书”，凭以向海关申报出口。

25. 牛、虎、豹、熊等属于《濒危野生动植物种国际贸易公约》附录物种或国家重点保护的野生动物。这些动物及其产品的国际贸易必须由进、出口国的濒危野生动植物种国际贸易公约管理机构签发允许出、进口证明文件，凭以向海关申报。

26. 金银及其制品报关出口时，必须事先到中国人民银行及其授权机构办理“金银制品出口准许证”，海关凭以办理出口报关手续。

27. 为加工出口成品而从境外进口的金银原料，应当在进口后持进口报关单据到中国人民银行办理登记手续。成品出口时，凭以签发“金银制品出口准许证”，报关出口。

28. 去港澳地区印刷的印刷品，事先由国内委托印刷单位填写“赴港澳印刷审查卡片”，经地方主管部门和新闻出版局签署意见后，报国家新闻出版署审批。印件进口时，海关凭盖有“新闻出版署赴港澳印刷审批用章”的“审查卡片”验放。

29. 进出口列入《中国禁止或严格限制的有毒化学品目录》的有毒化学

品，海关凭国家环境保护总局签发的“有毒化学品进出口环境管理放行通知单”准予进出口。

30. 任何单位以任何贸易方式进口列入《进口药品管理目录》商品编码范围的药品，海关均凭口岸药品检验所制发的“进口药品通关单”及其他有关单证验放。

31. 如需进口医疗特需或国内生产不能满足医疗需要，又尚未取得“进口药品注册证”的药品药材时，进口单位需报经卫生部审批，并由卫生部发给“一次性进口药品批件”后方可进口。

32.《精神药品管制品种目录》所列药品进出口时，货物所有人或其合法代理人在办理进出口报关手续前，均须取得国家食品药品监督管理局核发的精神药品进出口准许证，向海关办理报关手续。海关凭上述单证办理验放手续。

33. 目前我国公布的药品进出口管理目录有：《进口药品目录》《生物制品目录》《精神药品管制品种目录》以及《麻醉药品管制品种目录》。

34. 麻醉药品的进出口准许证仅限在该证注明的口岸海关使用，并实行“一批一证”制度，证面内容不得自行更改，如需更改，应到国家食品药品监督管理局办理换证手续。

35. 实施进口管理的黄金，包括黄金条、块、锭、粉，黄金铸币，黄金制品，黄金基合金制品，含黄金废渣、废液、废料，包金制品，镶嵌金制品等。

36. 两用物项和技术进出口前，进出口经营者应当向发证机关申领“中华人民共和国两用物项和技术进口许可证”或“中华人民共和国两用物项和技术出口许可证”（以下统称“两用物项和技术进出口许可证”），凭以向海关办理进出口通关手续。

37. 两用物项和技术进口许可证实行“非一批一证”制和“一证一关”制，在两用物项和技术进口许可证备注栏内打印“非一批一证”字样；两用物项和技术出口许可证实行“一批一证”制和“一证一关”制。

38. 图书馆、音像资料馆、科研机构、学校等单位进口供研究、教学参考的音像制品成品，应当委托文化部指定的音像制品成品进口经营单位报文化部办理有关进口审批手续。

39. 化学品进口环境管理登记证用来证明对外贸易经营者经营属首次进口的化学品（不包括食品添加剂、医药、兽药、化妆品、放射性物质）已接受国家登记管理，是海关验放该类货物的重要依据。

40. 进出口农药登记证明实行“一批一证”制，一经签发，任何单位和个人不得修改证明内容；如需变更证明内容，应在有效期内将原证交回农业部农药检定所，并申请重新办理进出口农药登记证明。

41．纺织品临时出口许可管理适用于以下海关监管方式：一般贸易、易货贸易、来料加工装配贸易进口料件及加工出口货物、补偿贸易、进料加工（对口合同）、进料加工、保税工厂和其他贸易。出口样品的，对于每批商品数量不超过50件（含50件、套、双、千克或其他商品单位，不包括打、打双、打套、吨等计量单位）的，可免领纺织品临时出口许可证；但属于进口国海关要求凭许可证放行的，经营者应在本企业可申请数量范围内向发证机构申领纺织品临时出口许可证。

42．向海关申报进口列入《自动进口许可管理类可用作原料的废物目录》的废物，报关单位应主动向海关提交有效的“中华人民共和国自动许可进口类可用作废料的固体废物进口许可证”及口岸检验检疫机构出具的入境货物通关单及其他有关单据。废物进口许可证实行“非一批一证”管理。进口的废物不能转关（废纸除外），只能在口岸海关办理申报进境手续。

二、“审批文件、审批条件、审批内容”考题总汇

1．报关企业是指已完成____手续，取得办理进出口货物报关资格的境内法人。

A．工商注册登记　　B．税务登记

C．企业主管部门批准　　D．海关报送注册登记

（答案 D）　　（2001 年考卷单项选择题）

2．某企业经对外贸易主管部门批准，取得了对外贸易经营权和相应的经营范围许可，这样，该公司____可不另行申领进出口许可证。

A．经营范围以外的一般商品

B．国家限制进出口的商品

C．国家实行分类管理的商品

D．除 B、C 两项以外的其他商品

（答案 D）　　（2001 年考卷单项选择题）

3．某公司进口了一批铜废碎料，根据国家现行规定，该公司在办理进口报关手续时，必须向海关递交由国家环保总局签发的进口废料批准证书。其判断正确。（2001 年考卷判断题）

4．汕头某企业拟销往西亚一批不锈钢餐刀和其他不锈钢制品，计划经陆路从香港装船出运。该批货物采用出口直转的方式，已向汕头海关办理了相关转关手续，在深圳口岸申报出境时，报关员应该向深圳海关出具下列哪些单证资料：

A．汕头海关签发的出口货物报关单

B．出境汽车载货清单

C．出口货物中转通知书

D．汽车载货登记簿

（答案 ABD）　　　　　　　　　　　　（2002 年考卷多项选择题）

5．某服装加工厂与外商签订了一份服装加工出口合同，该厂报关员到海关办理该批合同的备案手续时，应向海关提交下列哪些单证资料：

A．加工贸易合同批准证

B．加工生产企业加工生产能力状况

C．加工贸易登记手册

D．加工贸易合同

（答案 ABD）　　　　　　　　　　　　（2002 年考卷多项选择题）

6．邮袋进出境时，应由邮政企业以向海关递交由邮政企业制发的载明邮袋情况的“路单”的方式申报。其判断正确。（2002 年考卷判断题）

7．对进口列入《限制进口可用作原料的废物目录》及《自动进口许可证管理类可用作原料的废物目录》的废物，报关单位向海关申报时应当提交“进口废物批准证书”；对进口未列入上述目录的废物，国家规定：

A．仍需申领批准证书

B．不需申领批准证书，但需交验“入境货物通关单”

C．禁止进口

D．不需批件，自由进口

（答案 C）　　　　　　　　　　　　（2003 年考卷单项选择题）

8．汽车是我国实行进口配额管理的商品，以一般贸易方式进口的汽车，在办理申报手续时，必须向海关递交：

A．进口许可证

B．自动进口许可证

C．机电产品进口许可证

D．进口配额证明

（答案 A）　　　　　　　　　　　　（2003 年考卷单项选择题）

9．向海关申报进口列入《进口野生动植物种商品目录》中属于《濒危野生动植物种国际贸易公约》成员应履行保护义务的物种时，报关单位应向海关提交的证明为：

A．“公约证明”正本联

B．“公约证明”副本联

C. “非物种证明”正本联

D. “非物种证明”副本联

（答案 B）（2003 年考卷单项选择题）

10. 根据海关现行规定，申请异地报关备案的报关单位须具备的条件是：

A. 一般为已在海关办理报关注册登记的进出口货物收发货人

B. 已通过海关年审或尚在报关有效期内

C. 异地进出口业务超过 30% 以上

D. 必须同时办理报关员的异地备案

（答案 AB）（2003 年考卷多项选择题）

11. 根据海关现行规定，代理报关企业向海关报关时，必须出示的文件有：

A. 报关注册登记证书

B. 本企业法定代表人签名的授权办理本次报关纳税等事宜的责任授权书

C. 承揽、承运进出口货物的协议书

D. 委托人的报关委托书

（答案 BCD）（2003 年考卷多项选择题）

12. 申报进口属自动许可管理的旧机电产品时，报关单位应向海关提交的贸易管制证件包括：

A. 批注为“旧品”的机电产品进口许可证

B. 入境货物通关单

C. 批注为“旧品”的机电产品自动进口许可证

D. 重要工业品自动进口许可证明

（答案 BC）（2003 年考卷多项选择题）

13. 根据现行规定，在下列哪些情况下，属出口配额许可证管理的货物可免领出口许可证：

A. 展品出境

B. 加工贸易成品出口

C. 由出口加工区运往境外

D. 经批准直接退运

（答案 AD）（2003 年考卷多项选择题）

14. 下列哪些货物向海关申报进口时须交验“入境货物通关单”：

A. 列入《法检目录》，属于进境管理的商品

B. 韩国输往我国的非《法检目录》货物

C. 入境货物运输设备

D. 进口可再利用的废物原料

（答案 ABCD）　　　　　　　　　　　　　　　　（2003 年考卷多项选择题）

15. 进出口货物收发货人或其代理人在办理完毕提取进口货物或装运出口货物的手续后，如有需要，可以向海关申请签发有关货物的进口、出口证明。海关签发的常见证明主要有：

A. 进口货物报关单（付汇证明联）和出口货物报关单（收汇证明联）

B. 出口货物报关单（出口退税证明联）

C. 进口货物报关单（进口货物证明联）

D. 进口货物证明书

（答案 ABD）　　　　　　　　　　　　　　　　（2003 年考卷多项选择题）

16. 中国华中进出口集团公司与香港华宁公司以 FOB 高雄 USD18 元/台的价格条款签订了进口 10 000 台原产于台湾的简易型电动可调气泵（属自动许可管理、法定商检商品）的合同。该批货物于 2002 年 11 月 9 日由“蓝湖”号货轮载运进境。该公司于当日向海关申报该批货物进口。海关验放后，收货人发现其中有 500 台机器损坏。经该公司与香港华宁公司交涉，香港华宁公司同意向其补偿同数量、同品牌、同规格的货物。补偿货物于 2002 年 11 月 18 日运达。

根据上述案例，回答下列问题：

该批货物向海关申报进口时应提供下列哪些单证：

A. 自动进口许可证　　　　　　　　B. 入境通关单

C. 装货单　　　　　　　　　　　　D. 发票

（答案 ABD）　　　　　　　　　　　　　　　　（2003 年考卷综合实务题）

17. 根据海关规定，报关企业接受进出口货物收发货人的委托，办理报关手续时，应当对委托人所提供的情况的真实性、完整性进行合理的审查，审查内容包括：

A. 证明进出口货物的实际情况的资料，包括进出口货物的品名、规格、用途、产地、贸易方式等

B. 有关进出口货物的合同、发票、运输单据、装箱单等商业单据

C. 进出口所需的许可证件及随附单证

D. 海关要求的加工贸易手册及其他进出口单证

（答案 ABCD）　　　　　　　　　　　　　　　　（2004 年考卷多项选择题）

18. 我国货物、技术进出口许可管理制度的管理范围包括：

A. 禁止进出口货物和技术

B. 限制进出口货物和技术

C. 自由进出口技术

D. 实行自动许可管理的自由进口货物

（答案 ABC）　　　　　　　　　　　　　　　　（2004 年考卷多项选择题）

19. 下列商品中，不属于 2004 年度进口许可管理范围的是：

A. 实行进口配额管理的汽车及其关键件

B. 光盘生产设备

C. 监控化学品和易制毒化学品

D. 商务部颁发的《自动进口许可货物管理目录》中所列进口旧机电产品

（答案 D）　　　　　　　　　　　　　　　　（2004 年考卷单项选择题）

20. 出口黄金及其制品，出口企业应事先向中国人民银行申领“中国人民银行授权书”。其判断错误。（2004 年考卷判断题）

回答此题时应注意出口和进口要求是不同的。出口要申领“黄金产品出口准许证”；进口要申领“中国人民银行授权书”。

21. 开展异地加工贸易业务，经营企业须向所在地主管海关提出申请，填制《异地加工贸易申请表》，并提供：

A. 经营企业所在地外经贸主管部门出具的“加工贸易业务批准证”和“加工贸易加工企业生产能力证明”

B. 加工企业所在地外经贸主管部门出具的“加工贸易业务批准证”和“加工贸易加工企业生产能力证明”

C. 经营企业所在地外经贸主管部门出具的“加工贸易业务批准证”和加工企业所在地外经贸主管部门出具的“加工贸易加工生产能力证明”

D. 加工企业所在地外经贸主管部门出具的“加工贸易业务批准证”和经营企业所在地外经贸主管部门出具的“加工贸易加工企业生产能力证明”

（答案 C）　　　　　　　　　　　　　　　　（2004 年考卷单项选择题）

通过解答这个题目应考者要将“加工企业”和“经营企业”两个易混概念明辨清楚。

22. 企业设立保税仓库时应向仓库所在地主管海关提交书面申请，主管海关报直属海关审批，直属海关批准设立保税仓库后报海关总署备案。其判断正确。（2004 年考卷判断题）

23. 海关在行使下列哪种权力时需经直属海关关长或者其授权的隶属海关关长批准：

A. 在调查走私案件时，查询案件涉嫌单位和涉嫌人员在金融机构、邮政企业的存款、汇款

B. 在海关监管区和海关附近沿海沿边规定地区，检查走私嫌疑人的身体

C. 检查有走私嫌疑的进出境运输工具

D. 询问被稽查人的法定代表人、主要负责人员和其他有关人员与进出口活动有关的情况和问题

(答案 A)　　(2005 年考卷单项选择题)

24. 报关企业注册登记许可，应由下列哪个部门做出：

A. 海关总署

B. 直属海关

C. 隶属海关

D. 海关总署授权的直属海关或隶属海关

(答案 B)　　(2005 年考卷单项选择题)

25. 下列进口的废料中，可以申请转关运输的是：

A. 木制品废料　　B. 废纸

C. 废电机、电器产品　　D. 纺织品废物

(答案 B)　　(2005 年考卷单项选择题)

26. 报关企业注册登记许可条件中对企业人员的要求包括：

A. 报关员人数不少于 5 名

B. 投资者、报关业务负责人、报关员无走私记录

C. 报关业务负责人具有 5 年以上从事对外贸易工作经验或者报关工作经验

D. 报关业务负责人、报关员要通过海关规定的业务考核

(答案 ABC)　　(2005 年考卷多项选择题)

27. 下列有权签发进出口许可证的机构是：

A. 商务部配额许可证事务局

B. 商务部驻各地特派员办事处

C. 省、自治区、直辖市的商务主管部门

D. 计划单列市和经商务部授权的其他省会城市的商务主管部门

(答案 ABCD)　　(2005 年考卷多项选择题)

28. 对下列实行自动进口许可管理的大宗、散装货物，溢装数量在货物总量3%以内的，免于另行申领自动进口许可证：

A. 原油　　B. 成品油

C. 化肥　　D. 钢材

(答案 ABCD)　　(2005 年考卷多项选择题)

29. 下列货物中需要海关后续管理的有：

A. 无代价抵偿货物

B. 出料加工货物

C. 一次性按货物实际价格缴纳税款的租赁进口货物

D. 进出境修理货物

（答案 BD） （2005 年考卷多项选择题）

30. 对于履行加工贸易合同中产生的剩余料件、边角料、残次品、副产品等，在海关规定的下列处理方式中需要填制报关单向海关申报的有：

A. 销毁 B. 结转 C. 退运 D. 放弃

（答案 BCD） （2005 年考卷多项选择题）

31. 如遗失加工贸易登记注册的合同，加工贸易企业应持下列哪些单证向海关报核：

A. 经营企业关于加工贸易手册遗失的书面报告

B. 经营企业申请核销的书面资料

C. 加工贸易进出口报关单

D. 海关缉私部门出具的“行政处罚决定书”

（答案 ABCD） （2005 年考卷多项选择题）

32. 下列关于进境快件适用报关单证的表述，正确的有：

A. 文件类应当适用 KJ1 报关单

B. 个人物品类应当适用快件个人物品报关单

C. 海关规定准予免税的货样、广告品应当适用 KJ2 报关单

D. 其他货物类应当适用 KJ3 报关单

（答案 ABC） （2005 年考卷多项选择题）

33. 下列哪些情况下海关可以拒绝接受申报价格而另行估价：

A. 买方对进口货物的处置受到了卖方的限制，具体表现在买方必须将进口货物转售给卖方指定的第三方

B. 买卖双方达成的销售价格是以买方同时向卖方购买一定数量的其他货物为前提

C. 进口方在国内销售进口货物所产生的收益中有一部分返还给出口方，而且这一部分收益的具体金额尚不能确定

D. 进口方和出口方是母子公司，但上述关系并未对成交价格产生影响

（答案 ABC） （2005 年考卷多项选择题）

34. 报关企业和进出口货物收发货人须经海关注册登记许可后方可向海关办理报关单位注册登记手续。其判断错误。（2005 年考卷判断题）

本题所涉及的知识与报关企业注册登记许可有关。按照《海关对报关单位注册登记管理规定》第二章的规定，报关企业在办理报关单位注册登记手续之前，须先获得报关经营行政许可。由于“进出口货物收发货人”的报关

经营许可已由商务部及其授权机关备案登记，故《海关对报关单位注册登记管理规定》第二章并未将“进出口货物收发货人”列入须办理报关经营许可的范围。因此，从程序上看，报关企业须先向海关申请办理报关单位注册登记许可，然后再向海关申请办理报关单位登记注册手续；而已具有对外贸易经营权的进出口货物收发货人，可直接向海关申请办理报关单位注册登记手续。因此，本题应判断为不正确。

35. 关于报关单的修改和撤销，以下表述正确的是：

A. 海关发现进出口货物报关单需要进行修改或撤销的，海关可以直接进行修改或撤销

B. 海关发现进出口货物报关单需要进行修改或者撤销的，收发货人或其代理人应当提交进出口货物报关单修改或撤销申请表

C. 收发货人或其代理人要求修改或者撤销报关单的，应当提交进出口货物报关单修改/撤销确认书

D. 因修改或者撤销进出口货物报关单导致需要变更、补办进出口许可证件的，进出口货物收发货人或其代理人应当向海关提交相应的进出口许可证件

（答案 D）　　（2006 年考卷单项选择题）

36. 天津某加工贸易经营企业（B 类管理企业）进口价值 12 590 美元的涤纶长丝，委托河北廊坊某加工企业（A 类管理企业）加工成袜子后返销出口。该异地加工贸易的银行保证金台账应当：

A. 由经营企业到所在地银行设台账，半实转

B. 由加工企业到所在地银行设台账，空转

C. 由经营企业到加工企业所在地银行设台账，半实转

D. 由加工企业到经营企业所在地银行设台账，空转

（答案 A）　　（2006 年考卷单项选择题）

37. 北京某外资企业从美国购进大型成套机器设备，分三批运输进口，其中两批从天津进口，另一批从青岛进口。该企业在向海关申请办理该套设备的减免税手续时，下列做法正确的是：

A. 向北京海关分别申请两份征免税证明

B. 向北京海关分别申请三份征免税证明

C. 向天津海关申请一份征免税证明，向青岛海关申请一份征免税证明

D. 向天津海关申请两份征免税证明，向青岛海关申请一份征免税证明

（答案 C）　　（2006 年考卷单项选择题）

38. 下列进出口货物不列入海关统计的是：

A. 退运货物

B. 租赁期1年及以上的租赁进出口货物

C. 保税区进出境货物

D. 一般贸易方式进出口货物

（答案A）　　（2006年考卷单项选择题）

39. 货物、技术进出口许可管理制度是我国进出口许可制度的主体，其管理范围包括：

A. 禁止进出口货物和技术

B. 限制进出口货物和技术

C. 自由进出口的技术

D. 自由进出口中部分实行自动许可管理的货物

（答案ABCD）　　（2006年考卷多项选择题）

40. 纺织品出口临时管理的适用范围及报关规范是：

A. 列入输往欧盟、美国纺织品目录的，经营者在出口之前，应到当地发证机构办理相应的纺织品临时出口许可证

B. 对出口至欧盟、美国以外其他国家（地区）的纺织品，无须申领纺织品临时出口许可证

C. 出口服装样品，每批数量超过150件的，可免领纺织品临时出口许可证

D. 纺织品临时出口许可证有效期为6个月，逾期作废

（答案ABD）　　（2006年考卷多项选择题）

41. 下列对两用物项和技术进出口许可管理表述正确的是：

A. 两用物项和技术进出口前，进出口经营者应当向发证机关申领两用物项和技术进出口许可证，凭以向海关办理进出口报关手续

B. 两用物项和技术进口许可证实行“非一批一证”制和“一证一关”制

C. 两用物项和技术出口许可证实行“一批一证”制和“一证一关”制

D. 两用物项和技术进出口许可证有效期一般不超过1年，跨年度使用时，在有效期内只能使用到次年3月31日

（答案ABCD）　　（2006年考卷多项选择题）

42. 出料加工货物按规定期限复进口，海关审定完税价格时，其价格因素包括：

A. 原出口料件成本价

B. 境外加工费

C. 境外加工的材料费

D. 复运进境的运输及其相关费用、保险费

（答案 BCD）　　　　　　　　　　　　　　　　（2006 年考卷多项选择题）

43. 在海关审定完税价格时，纳税义务人应履行的义务包括：

A. 如实提供单证及其他相关资料

B. 如实申报货物买卖中发生的、有关规定所列的价格调整项目

C. 提供根据客观量化标准对需分摊计算的价格调整项目进行分摊的依据

D. 为先行提取货物，依法向海关提供担保

（答案 ABC）　　　　　　　　　　　　　　　　（2006 年考卷多项选择题）

44. 下列不符合优惠原产地认定标准中“完全获得标准”的有：

A. 由该国（地区）船只在公海捕捞的水产品

B. 由该国（地区）在公海开采的矿产品

C. 该国（地区）利用由他国（地区）加工制造过程中产生的废料加工所得的产品

D. 在该国（地区）领土出生和饲养的活动物

（答案 BC）　　　　　　　　　　　　　　　　（2006 年考卷多项选择题）

45. 目前，我国对属于世界濒危物种管理范畴的犀牛角和虎骨仍列入禁止进出口的商品范围。其判断正确。（2006 年考卷判断题）

46. 列入 2006 年《进口许可证管理货物目录》的有监控化学品、易制毒化学品和消耗臭氧层物质 3 类。其判断错误。（2006 年考卷判断题）

正确答案是以上三种物质中只有消耗臭氧层物质被列入 2006 年《进口许可证管理货物目录》中。

47. 海关对按照货物实际价格审定的完税价格一次性征收税款的租赁货物现场放行后，不再对其进行监管。其判断正确。（2006 年考卷判断题）

48. 海关在审定货物的完税价格时，如买卖双方在经营上有相互联系，一方是另一方的独家代理、经销或受让人的，应当视为有特殊关系。其判断正确。（2006 年考卷判断题）

三、“审批文件、审批条件、审批内容”预考题目揭秘

1. 报关企业和报关员注册登记审批条件。

2. 目前我国所加入或缔结的涉及贸易管制的国际条约主要有九条公约和准则。

3.《禁止进口货物目录》和《禁止出口货物目录》所涉及的商品名称。

4. 许可证管理的六个主要审批文件。

5. 海关现场放行的审批条件。

6. 海关结关的审批条件。

7. 申请签发报关单证明联的五类审批文件证明。

8. 台账制度下登记手册的申领审批条件。

9. 进口料件，除易制毒化学品、监控化学品、消耗臭氧层物质、原油、成品油等个别规定商品外，均可以免于交验进口许可证件。

10. 海关依法对企业结转申请的审批条件。

11. 企业需在异地口岸办理进出口报关或异地深加工结转报关手续的审批过程。

12. 保税仓库、出口监管仓库、保税物流中心 A 型、保税物流中心 B 型的审批过程。

13. 保税加工货物进出保税区报关的审批条件。

14. 特定减免税货物、暂准进出境货物申报进出境的审批条件。

15. 过境货物、转运货物、通运货物的审批文件。

16. 进出境快件、租赁货物、无代价抵偿货物、进出境修理货物、出料加工货物的审批条件。

17. 使用 ATA 单证的审批条件。

18. 进出口货物完税价格的审定条件。

19. 进口货物原产地的审定条件。

20. 申请知识产权海关保护备案的审批条件。

△具体考题

1. 按有关规定，国际航行船舶进境时应向海关如实申报，下列所载人员及货物、物品中哪些须向海关出具或说明：

A. 进出口货物数量、所载邮递物品、行李物品的情况

B. 船舶吨位证书

C. 运输工具人员名单及其自用物品情况

D. 船舶装卸时间

（答案 ABCD）

2. 参加我国举办的国际展览会的进口展览品，需向海关办理的通关手续有：

A. 从非展出地进境的展览品需办理转关手续

B. 提交展览品清单

C. 属进口许可证管制的交验进口货物许可证

D. 除使用 ATA 单证册的进口展览品外的展览品需提交进口展览品的担保

（答案 ABD）

3. 按许可法规有关要求海关有权复制下列与进出境货物有关的单证：

A. 出入仓库单据　　B. 会计账册

C. 电子数据资料　　D. 原产地证书

（答案 ACD）

4. 申请注销报关员注册的，应向海关提交：

A. 单位证明信　　B. 报关员注册申请书

C. 报关员证　　D. 报关员资格证书

（答案 BCD）

5. 下列不属于申报随附单证的是：

A. 进口载货清单

B. 暂准进口单证册

C. 无代价抵偿货物申报的报关单

D. 出口加工区进境货物备案清单

（答案 AC）

6. 某企业承接外商数码照相机加工组装业务，向海关办理加工贸易合同备案手续时应交纳：

A. 工商行政管理部门颁发的营业执照（副本）

B. 加工贸易业务批准证

C. 加工贸易加工企业生产能力证明

D. 加工贸易合同或合同副本

（答案 BCD）

7. 报关企业向海关办理报关注册登记所交验的文件资料有：

A. 报关企业在对外贸易主管部门的备案登记证明

B. 税务登记证书副本复印件

C. 报关企业注册登记许可申请书

D. 核准的企业名称或企业法人执照副本

（答案 BCD）

8. 报关企业办理注册登记许可延续手续时向海关递交的证件有：

A. 企业法人营业执照

B. 报关单位情况登记表

C. 报关企业分析、报关差错情况及原因

D. 注册登记许可延续申请书

（答案 ABCD）

9. 某进出口贸易公司出口××动物皮张，应持凭中华人民共和国濒危物种进出口管理办公室签发的下列哪项证件向海关申请报验手续：

A. 允许进出口证明书　　B. 特定产品出口证明书

C. 特准进出口证明书　　D. 特定产品出口证明书

（答案 A）

10. 某汽车进出口公司以一般贸易方式进口德国轿车一批，该公司在办理进口手续时应向海关提供下列哪项证件：

A. 机电产品进口许可证　　B. 进口配额证明

C. 自动进口许可证　　D. 进口货物许可证

（答案 D）

11. 广州某医药保健进出口公司从美国进口鼻通品一批，该公司应向口岸药检所出具哪些证件：

A. 药品经营企业许可证

B. 进口药品注册证

C. 进口药品报验证明

D. 加盖“已接受报验”印章的进口货物报关单

（答案 CD）

12. 加工贸易企业从事下列商品加工贸易业务在向海关办理合同备案手续时应提交许可证的有：

A. 旧机电产品　　B. 监控化学品

C. 易制毒化学品　　D. 消耗臭氧层物质

（答案 D）

综上所述，应试报关员资格者必须全部掌握报关工作中上交下传的各种文件资料，什么情况下需交纳什么样的文件，以及各个文件和资料的内容和权限。否则，这一组考题就不能解答正确，而且这组考题大都出现在多项选择中，每题分值较高。

学习这部分内容时，一定要动脑筋。例如，申请报关员注册的注销需要提交哪些文件和资料？应包括报关员注册申请书、报关员证、报关员资格证书，而单位证明信则不包括在内，其实它已在报关员注册申请书范围内了。这是一个最简单的例子。又如进出口货物收发货人应当按照规定在海关办理报关单位注册登记，须提交的文件资料有：

1. 企业法人营业执照副本复印件（个人独资、合伙企业或者个体工商户提交营业执照）；

2. 对外贸易经营者登记备案表复印件（法律、行政法规或者商务规定不需要备案登记的除外)；

3．企业章程复印件（非企业法人免提交)；

4．税务登记证书副本复印件；

5．银行开户证明复印件；

6．组织机构代码证书副本复印件；

7．报关单位情况登记表、报关单位管理人员情况登记表；

8．其他与注册登记有关的文件材料。

从上述内容看，注册经营一项进出口的报关业务，要涉及的方方面面的八大凭证必须一律上交，缺一不可。

如何把这块内容全面掌握，最好的学习方法是将自己拟为具体的实施者，设身处地地去记忆这些文件资料，这样就容易记住了。

第五篇　关于“处罚情况”要点提示、考题总汇、预考题目揭秘

目前，我国立法领域对海关行政处罚做出了明确规定，赋予海关行政处罚权的法律法规有：《海关法》、《海关行政处罚实施条例》、《知识产权海关保护条例》、《固体废物污染环境防治法》、《关于惩治走私罪的补充规定》和国务院发布的部分规范性文件等。

这些法规文件均是海关实施行政处罚的主要法律依据，其处罚的范围包括走私行为（不构成走私罪的走私行为和构成走私罪但依法由海关做出行政处罚的行为）、按走私论处的行为、违反海关监管规定的行为。

海关对在进出境环节发生的有关侵犯知识产权的行为有权处以没收、罚款的行政处罚。

海关对非法进境倾倒、堆放、处置境外固体废物或过境转移危险废物等行为，责令退运，并处以一定数额的罚款。

海关法律规范设定的行政处罚的种类具体有：没收走私货物、物品；没收专门用于掩护走私的货物物品；没收藏匿走私货物、物品的特制设备；没收无证到货的货物；没收有关禁止进出境的物品；没收违法所得；对行政管理相对人的罚款；对单位主管人员和直接责任人的罚款；责令补税、退运或退回；责令拆毁藏匿走私货物、物品的特制设备；责令拆毁违反规定的标志，限期整顿；暂停给予特定减免税待遇；吊销保税集团证书；终止保税集团待遇；暂停或撤销办理转关运输申报权和承运权、吊销由海关核发的有关批准文件；暂停企业报关权或报关资格；取消和撤销企业报关权；暂停报关员的报关资格；取消报关员资格；吊销报关员证书等。

海关作为国家的进出境监督管理机关，必须通过严格“依法行政，贯彻政策”才能确保国家对进出口领域乃至整个国民经济宏观调控的有效实施。所以，报关员资格考试是绝对少不了这部分内容的，报考者应认真学习，正确领会各项方针政策并应用于实践。

一、“违犯处罚、罚款数额、处罚内容”要点提示

1. 根据《刑法》规定，走私武器弹药、核材料、文物、贵重金属、珍贵

动物及其制品、珍稀植物及其制品的行为，无论数额大小，均应认定为走私罪；走私淫秽物品，以牟利和传播为目的的，构成犯罪；走私普通货物、物品的，以走私货物、物品所偷逃应缴税款数额划分罪与非罪，走私货物、物品偷逃应缴税款达5万元的，认定为走私罪，不满5万元的不构成犯罪。犯走私罪的个人，处刑有管制、拘役、有期徒刑、无期徒刑、死刑、没收财产、罚金等几种。

2. 单位犯走私罪适用两罪制，即对单位处以罚金，对其直接责任人及其主管人员，处以3年以下有期徒刑或者拘役，情节严重的处以3年以上有期徒刑，情节特别严重的处以10年以上有期徒刑。

3. 对于走私行为，由海关没收走私货物、物品及违法所得，可以并处以罚款；专门或者多次用于掩护走私货物、物品的运输工具，予以没收；藏匿走私货物、物品的特制设备，责令拆毁或者没收。

4. 海关准予从事有关业务的企业，违反《海关法》有关规定的，由海关责令改正，可以给予警告、暂停其从事有关业务，直至撤销注册等处罚。

5. 未经海关注册登记从事报关业务的，由海关予以取缔，没收违法所得，可以并处罚款。

6. 报关企业非法代理他人报关或者超出其业务范围进行报关活动的，由海关责令改正，可以并处5万元以下罚款，暂停其6个月以内从事报关业务资格；情节严重的，撤销其报关注册登记。

7. 进出口货物收发货人、报关企业向海关工作人员行贿的，由海关撤销其注册登记，并处10万元以下罚款；构成犯罪的，依法追究刑事责任，并不得重新注册登记为报关企业。

8. 报关员有下列情事之一的，海关处以1 000元以下的罚款：

（1）转借、涂改报关员证件的；

（2）未经海关同意，逾期1个月以内不参加年审的；

（3）未经企业授权自行招揽报关业务的；

（4）不履行报关员义务的；

（5）因其他原因需要罚款的。

9. 海关在下列情况下可以行使扣留权：

（1）对违反《海关法》或其他有关法律、行政法规的进出境运输工具、货物和物品以及与之有关的合同、发票、账册、单据、记录、文件、业务函电、录音录像制品和其他资料，可以扣留；

（2）在海关监管区和海关附近沿边规定地区，对有走私嫌疑的运输工具、货物、物品和走私犯罪嫌疑人，扣留时间不得超过24小时，在特殊情况下可以延长至48小时；

（3）在海关监管区和海关附近沿海沿边规定地区以外，对其中有证据证明有走私嫌疑的运输工具、货物、物品，可以扣留。

10. 海关对查获的走私罪案件，应扣留走私罪嫌疑人，移送走私犯罪侦查机构。

11. 根据《海关法》的规定，进口货物超过3个月未向海关申报，海关可以提取依法变卖处理。

12. 进出口货物的纳税义务人、担保人超过规定期限未缴纳税款的，经直属海关关长或其授权的隶属海关关长批准，海关可以：

（1）书面通知其开户银行或其他金融机构从其账户内扣缴税款；

（2）将应税货物依法变卖，以变卖所得抵缴税款；

（3）扣留并依法变卖其价值相当于应纳税款的货物或者其他财产，以变卖所得抵缴税款。

13. 根据《海关法》的规定，当事人逾期不履行海关处罚决定又不申请复议或者不向人民法院提起诉讼的，海关可以将其保证金抵缴，或者将其被扣留的货物、物品、运输工具依法变卖抵缴。

14. 报关单位经海关注册登记取得报关权后，在报关活动中，违反《海关法》及有关法律、行政法规、海关规章，情节严重的，海关可以依法暂停、撤销其报关注册登记。

15. 报关员遗失报关员证件，应自证件遗失之日起15个工作日内向海关递交情况说明，并登报声明作废。海关于声明作废之日起3个月内予以补发，在此期间不得办理报关业务。

16. 年审不合格的报关员，又不参加海关组织的培训，视为自动放弃报关资格，报关资格证件自动失效。

17. 进口的减免税货物在规定的监管期限内，因故脱离规定的使用范围，出售、转让或移作他用，丧失进口税优惠的特定性，须经海关核准，并应补缴原本减免的进口税。

18. 凡《ATA单证册》项下货物不符合暂准进口或过境条件，一经海关发现，海关将向担保人追索货物的进口税费、海关调整费及罚款（该追索期为单证册有效期满后1年内）。罚款金额一般不超过税费的10%，罚款金额超过10%的，其超出部分应由担保人协助海关索赔或者由海关直接向持证人追缴。

19. 进口货物的当事人正在办理特定减免税手续，而货物已运抵口岸，亟待提取使用，要求海关缓办进口纳税手续，经海关同意，在当事人以保证金方式提供担保后先予以放行货物，但如在规定的担保期限内当事人未能办妥特定减免税手续，又未能补交税款，海关可责令担保人缴纳税款或将保证金抵作税款，并处罚款。

20. 对未能在担保期限内向海关办理销案手续的，担保人将承担以下法律责任：

（1）将保证金抵作税款，责令报关人按规定补办进口手续，并处以罚款；

（2）责令担保人缴纳税款或通知银行扣缴税款，并处以罚款；

（3）暂停或取消报关人的报关资格等。

21. 被扣留的侵权嫌疑货物，经海关知识产权主管部门或人民法院确定为侵权货物，将由海关没收，并分不同情况按下列规定处理：

（1）对侵犯著作权的货物，予以销毁；

（2）对侵犯商标专用权的货物，侵权商标无法消除的，予以销毁；

（3）对侵权商标能够消除并可以利用有关货物的，消除侵权商标，有关货物只能用于社会公益事业或者依法拍卖给非侵权人自用。

22. 收货人或者发货人，明知或者应知其进口或者出口货物侵犯他人知识产权的，海关将对其处以进口货物到岸价格或出口货物离岸价格等值以下的罚款。

23. 收货人或者发货人未如实申报与进出口货物有关的知识产权状况并交验有关单证的，海关将处以进口货物到岸价格或者出口货物离岸价格等值以下的罚款。

24. 过境货物自进境之日起超过规定的 3 个月期限未向海关申报的，按《海关法》的规定由海关提取变卖处理。

25. 过境货物自向海关申报进境后，因特殊的原因，在海关规定的 6 个月内不能出境的，应向海关申请延期，经海关同意后，可延期 3 个月。如无特殊情况，经延期仍不能出境，擅自留在境内的，海关按《海关法行政处罚实施细则》的规定处以罚款。

26. 进口货物的收货人或其所有人声明放弃的进口货物，由海关提取依法变卖处理。

27. 国家禁止或限制进口的废物、对环境造成污染的货物不得声明放弃。除符合国家规定并办理申报进口手续，准予进口的外，由海关责令货物的收货人或其所有人、载运该货物进境的运输工具负责人退运出境；无法退运的，由海关责令其在海关和有关主管部门监督下予以销毁或者进行其他妥善处理，销毁和处理的费用由收货人承担。收货人无法确认的，由相关运输工具负责人及承运人承担。违反国家有关法律法规的，由海关依法予以处罚，构成犯罪的，依法追究刑事责任。

28. 保税货物、暂时进口货物超过规定的期限 3 个月，未向海关办理复运出境或其他海关手续的，以及过境、转运、通运货物超过规定的期限3个月未运输出境的，按照超期未报货物处理。

29. 超出限值规定或不准进境的邮包，除经海关特准以外，应由收件人或其代理人自接到海关通知之日起3个月内退寄境外（港澳邮包由邮政企业直接退寄）。过期不退的，由邮政企业送交海关变卖处理。收件人拒收的邮包或要求退寄的邮包，也按上述办法处理。

30. 对在海关填发关税缴款书之日起3个月内仍未履行缴纳关税义务的纳税人，海关可以采取强制缴纳手段来直接获得应纳税款。

（1）强制扣缴。海关自行或向人民法院申请从纳税人的开户银行的存款中强行划拨应纳税款，这是一种代执行间接行政强制行为。

（2）变价抵缴。纳税人开户银行没有可以执行的款项时，海关可以将纳税人的有关货物变卖，以变卖所得价款充抵应纳关税，这属于直接强制行为。

（3）如果滞纳税款的货物已经放行，则可以将纳税人相当于应纳税款的其他进出口货物或者其他合法财产扣留并依法变卖，以变卖所得抵缴税款。

31.《中华人民共和国海关行政处罚实施细则》第11条第5款规定："进出境货物的品名、数量、规格、价格、原产国别、贸易方式、消费国别、贸易国别或者其他应当申报的项目申报不实的，当处以货物、物品等值以下或者应缴税款两倍以下的罚款。"

32. 根据中华人民共和国海关对报关单位和报关员的管理规定，"代理报关单位和自理报关单位，应当按照海关的要求选用报关员，对本单位报关员的报关行为负法律责任"。报关员应"完整准确地填制报关单"；"递交合法有效的报关单证"，如不按规定填写报关单，海关将暂停或取消报关员的报关资格。

33. 海关对因报关单填报不实，不属走私、偷逃税等违法违规性质，而仅影响统计数据准确性的行为，可采取以下处罚措施：

（1）填报的价格与实际不符，处以两者差额1%以下的罚款，罚款金额一般不超过人民币1万元；

（2）填报其他统计项目违反规定，按照其商品的到（离）岸价格计算，处以1%以下的罚款，罚款金额一般不超过人民币1万元。

34. 海关对下列行为之一的当事人应处以人民币1 000元以下罚款：

（1）报关单的统计项目填报不全、字迹模糊不清或乱涂乱改的；

（2）对收取工缴费的来料加工装配成品出口，未分别填报原料费和加工费的；

（3）对于不同海关统计商品编号或不同产、销国别（地区），未分别汇总填制报关单的；

（4）实行集中报关的企业，对不同产、销国别（地区），未分别汇总填制报关单的；

（5）报关员对海关的查询未按期做出答复，或者申报内容有变动，未及时向海关办理更正手续，从而影响海关实施统计的。

35. 报关单位在办理报关业务的过程中，进出口货物的品名、税则号列、数量、规格、价格、贸易方式、原产地、启运地、运抵地、最终目的地或者其他应当申报的项目未申报或者申报不实，分别依照下列规定予以处罚，有违法所得的，没收违法所得：

（1）影响海关统计准确性的，予以警告或者处 1 000 元以上 1 万元以下罚款；

（2）影响海关监管秩序的，予以警告或者处 1 000 元以上 3 万元以下罚款；

（3）影响国家许可证件管理的，处货物价值 5% 以上 30% 以下罚款；

（4）影响国家税款征收的，处漏缴税款 30% 以上 2 倍以下罚款；

（5）影响国家外汇、出口退税管理的，处申报价格 10% 以上 50% 以下罚款。

36. 报关企业有下列情形之一的，责令改正，给予警告，可以暂停其 6 个月以内从事报关业务资格：

（1）拖欠税款或者不履行纳税义务的；

（2）报关企业出让其名义供他人办理进出口货物报关纳税事宜的；

（3）有需要暂停其从事报关业务的其他违法行为的。

37. 报关企业有下列情形之一的，海关可以撤销其注册登记：

（1）报关企业构成走私犯罪或者 1 年内有 2 次以上走私行为的；

（2）所属报关员 1 年内 3 人次以上被海关暂停执业的；

（3）被海关暂停从事报关业务的，恢复从事报关业务后 1 年内再次发生上述第（2）条规定情形的；

（4）有需要撤销其注册登记的其他违法行为的。

38. 提供虚假资料骗取海关注册登记的，撤销其注册登记，并处 30 万元以下罚款。

39. 报关单位有下列情形之一的，海关予以警告，责令其改正，并可以处人民币 1 000 元以上 5 000 元以下罚款：

（1）报关企业取得变更注册登记许可后或者进出口货物收发货人单位名称、企业性质、企业住所、法定代表人（负责人）等海关注册登记的内容发生变更，未按照规定向海关办理变更手续的；

（2）未向海关备案，擅自变更或者启用报关专用章的；

（3）所属报关员离职，未按照规定向海关报告并办理相关手续的。

40. 海关对未经海关注册登记从事报关业务的，予以取缔，没收违法所得，可以并处10万元以下罚款。

41. 报关员执业不得有以下行为：

（1）故意制造海关与报关单位、委托人之间的矛盾和纠纷；

（2）假借海关名义，以明示或者暗示的方式向委托人索要委托合同约定以外的酬金或者其他财物、虚假报销；

（3）同时在2个或者2个以上报关单位执业；

（4）私自接受委托办理报关业务，或者私自收取委托酬金及其他财物；

（5）将报关员证转借或者转让他人，允许他人持本人报关员证执业；

（6）涂改报关员证；

（7）其他利用执业之便谋取不正当利益的行为。

42. 海关对报关员的记分考核，依据其报关单填制不规范、报关行为不规范的程度和行为性质，一次记分的分值分别为1分、2分、5分、10分、20分、30分。

记分周期从每年1月1日起至12月31日止，报关员在海关注册登记之日起至当年12月31日不足1年的，按一个记分周期计算。一个记分周期期满后，记分分值累加未达到30分的，该周期内的记分分值予以消除，不转入下一个记分周期。但报关员在一个记分周期内办理变更注册登记报关单位或者注销手续的，已记分分值在该记分周期内不予以消除。

43. 报关员有下列情形之一的，海关予以警告，责令其改正，并可处以人民币2 000元以下罚款：

（1）有报关员执业禁止行为的；

（2）报关员海关注册内容发生变更，未按照规定向海关办理变更手续的。

44. 进口货物收货人未按规定期限向海关申报的，由海关按规定征收滞报金。进口货物滞报金应当按日计征。计征起始日为运输工具申报进境之日起第15日，截止日为海关接受申报之日（即申报日期）。起始日和截止日均计入滞报期。滞报金的日征收金额为进口货物完税价格的0.5‰，以人民币“元”为计征单位，不足人民币1元的部分免征。

滞报金的起征点为人民币50元。

滞报金的计征起始日如遇法定节假日，则顺延至其后第一个工作日。

根据海关规定，因不可抗力等特殊情况产生的滞报可以向海关申请减免滞报金。

45. 海关依法对企业结转申请予以审核，对不符合规定的应当做出不予结转决定，并告知企业按照规定将不予结转的料件退出境外、征税内销、放弃或者销毁。

46. 外国转运货物在中国口岸存放期间，不得开拆、改换包装或进行加工；转运货物必须在3个月之内办理海关有关手续并转运出境，超出规定期限3个月仍未转运出境或办理其他海关手续的，海关将提取依法变卖处理。

47. 在规定的期限内未办结海关手续的海关监管货物，由海关提取依法变卖处理，变卖所得价款，在优先拨付变卖处理实际支出的费用后，按照①运输、装卸、储存等费用；②进口关税；③进口环节海关代征税；④滞报金的顺序扣除相关费用和税款。所得价款不足以支付同一顺序的相关费用的，按照比例支付。

48. 按照规定，关税、进口环节增值税、进口环节消费税、船舶吨税等的纳税义务人或其代理人，应当自海关填发税款缴款书之日起15日内向指定银行缴纳税款，逾期缴纳的，海关依法在原应纳税款的基础上，按日加收0.5‰的滞纳金。缴纳期限届满日遇星期六、星期日等休息日或者法定节假日的，应当顺延至休息日或法定节假日之后的第一个工作日。

滞纳金的起征点为人民币50元，不足人民币50元的免于征收。

49. 进出口货物放行后，海关发现少征或者漏征税款的，应当自缴纳税款或者货物放行之日起1年内，向纳税义务人补征税款。

50. 因纳税义务人违反规定造成少征或者漏征税款的，海关可以自缴纳税款或者货物放行之日起3年内追征税款，并从缴纳税款或者货物放行之日起至海关发现违规行为之日止按日加收少征或者漏征税款0.5‰的滞纳金。

51. 延期缴纳税款的期限，自货物放行之日起最长不超过6个月。

52. 纳税义务人、担保人超过3个月仍未缴纳税款的，海关可以依法采取强制措施扣缴。强制措施主要有强制扣缴和变价抵扣两种。

53. 封存的有关进出口货物，经海关稽查排除违法嫌疑的，海关可以依法采取强制执行措施。

54. 被稽查人有下列行为之一的，海关应当制发“限期改正通知书”交被稽查人，责令其限期改正。逾期不改的，海关处1万元以上3万元以下的罚款；情节严重的，海关取消其报关资格，并对负有直接责任的主管人员和其他直接责任人处1 000元以上5 000元以下的罚款：

（1）向海关提供虚假情况或者隐瞒重要事实的；

（2）拒绝、拖延向海关提供账簿、单证等有关资料的；

（3）转移、隐匿、篡改、毁弃账簿、单证等有关资料的。

55. 海关在实施海关事务担保时，目前主要采用担保资金和担保函两种方式。海关依法收取的担保资金，根据担保业务性质的不同分为保证金、风险担保金和抵押金三种。

56. 知识产权权利人认为有关货物侵犯其在海关总署备案的知识产权并提出申请，要求海关扣留侵权嫌疑货物的，应当按照以下规定向海关提供担保：

（1）货物价值不足人民币2万元的，提供相当于货物价值的担保；

（2）货物价值为人民币2万元至20万元的，提供相当于货物价值50%的担保，但担保金额不得少于人民币2万元；

（3）货物价值超过人民币20万元的，提供人民币10万元的担保；

（4）经海关同意，知识产权权利人可以向海关提供总担保。总担保金额不得低于人民币20万元。

知识产权权利人未提出申请或者未提供担保的，海关将放行货物。

57. 海关接受知识产权保护备案和采取知识产权保护措施的申请后，因知识产权权利人未提供确切情况而未能发现侵权货物、未能及时采取保护措施或者采取保护措施不力的，由知识产权权利人自行承担责任。

上述内容为海关对进出口企业收发货人、各报关单位及报关员在违规、发生走私行为或构成走私罪时所采取的各种处罚措施。

58.《海关法》第61条中明确指出：采取税收保全措施不当，或者纳税义务人在规定期限内已缴纳税款，海关未立即解除税收保全措施，致使纳税义务人的合法权益受到损失的，海关应当依法承担赔偿责任。

59.《海关法》第95条中明确指出：海关违法扣留货物、物品、运输工具，致使当事人的合法权益受到损失的，应当依法承担赔偿责任。

60. 海关工作人员在稽查中玩忽职守、徇私舞弊、滥用职权或者利用职务上的便利，收受、索取被稽查人的财物，构成犯罪的，依法追究刑事责任；不构成犯罪的，由海关依照《中华人民共和国公务员法》、《海关法》和其他有关法律、行政法规予以处理。

二、"违犯处罚、罚款数额、处罚内容"考题总汇

1. 根据《中华人民共和国海关法》的规定，对于伪造、变卖、买卖海关单证，与走私人同谋为走私人提供贷款、资金、账号、发票、证明、海关单证者，如果情节较轻尚不构成犯罪，按规定：

A. 判处5年以下有期徒刑

B. 判处1年以下有期徒刑

C. 由海关没收违法所得并处以罚款

D. 可不作任何处理

（答案C）　　（2001年考卷单项选择题）

2. 擅自出售经批准进口的保税货物构成走私行为的，由海关没收走私货物和违法所得，可并处以：

A. 走私货物等值以下或应缴税款3倍以下罚款

B. 走私货值3倍以下或应缴税款3倍以下罚款

C. 走私货物等值以上或应缴税款3倍以下罚款

D. 走私货值3倍以上或应缴税款3倍以下罚款

(答案A) (2001年考卷多项选择题)

3. 某进出境船舶由于暴风雨而被迫在未设立海关的港口停靠，事先未向海关申报，事后也未向海关报告，海关查问时，该船舶负责人也未能提供正当理由。对这种情况，海关可处以5万元以上的罚款。其判断错误。(2001年考卷判断题)

按《中华人民共和国海关法行政处罚实施细则》第14条规定，对进出境的船舶由于不可抗力被迫在未设立海关的地点停泊，不向附近海关报告而且无正当理由的处人民币2万元以下的罚款。

4. 海关对某经营加工贸易的企业进行稽查时发现，该企业1年内偷逃应缴税费累计达48万元人民币，按照海关对企业的分类管理规定，该企业应审定为B级。其判断错误。(2001年考卷判断题)

按《海关对企业实施分类管理办法》的规定，某企业1年内出现两次违规行为，或偷逃应缴税款5万元以上不满50万元人民币的为C类企业。

5. 某公司进口一批货物，载运货物的船舶在航行途中起火，该批货物投保的是平安险，按照中华人民共和国保险公司的海洋运输货物保险条款的规定，保险公司应予以赔偿。其判断正确。(2001年考卷判断题)

保险公司按“平安险”承担赔偿损失的范围，应包括在运输过程中由于自然灾害和运输工具发生意外事故，造成被保险货物的实际全损或推定全损，以及由于运输工具遭遇搁浅、触礁、沉没、互撞、与流冰或其他物体碰撞以及失火、爆炸等意外事故造成的全部或部分损失等。

6.《中华人民共和国刑法》规定了10条走私罪名，其中走私普通货物、物品的，以走私货物、物品所偷逃应缴税款大小划分罪与非罪。请指出下列哪种情况构成犯罪：

A. 走私货物、物品偷逃应缴税款达1万元人民币

B. 走私货物、物品偷逃应缴税款达2万元人民币

C. 走私货物、物品偷逃应缴税款达3万元人民币

D. 走私货物、物品偷逃应缴税款达5万元人民币

(答案D) (2001年考卷单项选择题)

7. 海关对尚未构成走私罪的违法当事人给予下列哪几种行政处罚：

A. 没收走私货物、物品及违法所得

B. 扣留当事人 24 小时，在特殊情况下可以延长至 48 小时

C. 对有走私行为和违反海关监管规定行为的当事人处以罚款

D. 对有违法情事的报关员、报关单位处以警告以及暂停或取消报关资格

（答案 AC）（2001 年考卷多项选择题）

8. 某企业向当地海关申报进口一批烤面包机，货物已运抵海关监管区内的仓库，海关根据情报，在没有通知该公司的情况下，由仓库人员陪同对这批货物进行了查验，发现该批货物是高档音响器材。该企业以海关查验时报关员不在场为由，拒绝承认查验结果。因此，当地海关不得以此对其进行处罚。其判断错误。（2002 年考卷判断题）

《海关法》第 28 条明确规定："进出口货物应当接受海关查验。海关查验货物时，进口货物的收货人、出口货物的发货人应当到场，并负责货物的搬移、开拆和重封包装，海关认为必要时，可以径行开验、复验或者提取货样。"题中所述是海关权力范围内的正常执法。

9. 在国际货物买卖中，由于一方违反合同而给另一方造成的损失，违约方应负责给予损害赔偿，这种损害赔偿的金额最多不能超过违约方在订立合同时所能预见的损失金额。其判断正确。（2002 年考卷判断题）

10. 进出口货物完税后，由于海关方面的原因造成的少征或者漏征税款，海关可以自缴纳税款或者货物进口之日起 3 年内，向收货人或者他们的代理人补征。其判断错误。（2002 年考卷判断题）

应由纳税人或其代理人补缴所差的税款。

11. 在本题实例中，该企业应该缴多少天的滞报金？

武汉某中外合资企业专营玻璃加工生产，该公司于 2000 年 6 月与香港某公司签约购买平板玻璃深加工设备一套，该设备属于《外商投资产业指导目录》中的鼓励类进口项目。设备于 2001 年 2 月 1 日（星期四）由华阳运输公司的"HUADONG VOY. 302"轮载运进口，该合资企业委托上海某报关所于 2001 年 2 月 2 日向上海海关办理转关申请手续，后由"长江号"轮船于 2001 年 2 月 5 日运抵武汉，并于 2001 年 2 月 20 日向武汉海关办理进口报关手续，货物经海关查验后放行，这种情况下企业：

A. 属于在法定申报时限内申报，不存在滞报问题

B. 应向海关缴纳 1 天的滞报金

C. 应向海关缴纳 2 天的滞报金

D. 应向海关缴纳 3 天的滞报金

(答案 B) (2002 年考卷单项选择题)

12. 在本题实例中，假如该企业由于经营不善等原因申请破产，经清算后，其进口的这套平板玻璃深加工设备可按下列哪一种方法处理：

A. 因设备属于一般贸易进口，破产时可直接抵押

B. 企业可将设备直接变卖偿还债务

C. 该设备由合资中方留用，并按照规定补交税款

D. 该设备由合资中方留用，不需补交税款

(答案 C) (2002 年考卷单项选择题)

上述两题属单项选择题，但均是从一个考题派生出来的，此种考试方式正是近两年的综合实务题的前身。

13. 海关对尚未构成走私罪的违法当事人可给予下列哪几种行政处罚：

A. 没收走私货物、物品及违法所得

B. 扣留当事人 24 小时，在特殊情况下可以延长至 48 小时

C. 对有走私行为和违反海关监管规定行为的当事人处以罚款

D. 对有违法情事的报关员、报关单位处以警告以及暂停或取消报关资格

(答案 ACD) (2002 年考卷多项选择题)

14. 根据《中华人民共和国刑法》的规定和有关司法解释，个人和单位走私货物、物品偷逃应缴税额分别在多少万元以上的构成走私罪?

A. 5，10　　B. 5，25　　C. 10，20　D. 10，25

(答案 B) (2003 年考卷单项选择题)

按《中华人民共和国刑法》的规定和有关司法解释，个人走私货物、物品偷逃应缴税额 5 万元和单位走私货物、物品偷逃应缴税额 25 万元以上的构成走私罪。

15. 李某供职于某报关行，2002 年参加了报关员资格全国统一考试，未获通过，故又报名参加今年的报关员资格全国统一考试并通过了报名确认。李某于今年 8 月份即开始借用该单位其他报关员的名义向海关报关。根据海关现行规定，对李某这一行为，海关可以：

A. 以走私行为论处，并给予行政处罚

B. 对李某不予处罚，但应暂停该报关行的报关资格

C. 取缔其非法报关活动，没收违法所得，可以并处罚款

D. 取消其参加今年报关员资格全国统一考试的资格

(答案 C) (2003 年考卷单项选择题)

16. 《中华人民共和国海关稽查条例》规定，被稽查人有下列行为之一的，由海关责令限期改正，并处 1 万元以上 3 万以下的罚款：

A. 未获批准设置或者编制账簿、单证等有关资料的

B. 向海关提供虚假情况或者隐瞒重要事实的

C. 拒绝、拖延向海关提供账簿、单证等有关资料的

D. 转移、隐匿、篡改、毁弃账簿、单证等有关资料的

（答案 BCD）　　　　　　　　　　　　　　　　（2003 年考卷多项选择题）

17. 海关有权对尚未构成走私罪的违法当事人处以行政处罚。海关行政处罚的种类包括：

A. 没收货物、物品及违法所得

B. 对有走私行为和违反海关监管规定行为的当事人处以罚款

C. 对有违法情事的报关单位和报关员处以警告以及暂停或取消报关资格

D. 对有走私情事的进出口企业处以暂停或取消对外贸易经营许可

（答案 ABC）　　　　　　　　　　　　　　　　（2003 年考卷多项选择题）

18. 因海关关员的责任造成被查验货物损坏的，进出口货物收发货人或其代理人可以要求海关赔偿，但下列情况海关将不予赔偿：

A. 海关正常查验时所产生的不可避免的磨损

B. 由于不可抗拒的原因造成货物的损坏、损失

C. 由于海关关员的责任造成被查验货物的直接经济损失以外的其他经济损失

D. 海关查验时进出口货物收发货人或其代理人对货物是否受损坏未提出异议，事后发现货物有损坏的

（答案 ABCD）　　　　　　　　　　　　　　　　（2003 年考卷多项选择题）

19. 在海关查验环节产生的加工设备破损，按规定应作如下处理：

A. 因损坏发生在海关查验环节，海关应赔偿直接经济损失

B. 因收货单位的陪同查验人员是在海关要求下开拆包装，并由此产生损坏，海关与收货人应分担责任

C. 损坏并非因海关查验人员的责任所致，故应由收货人自负责任

D. 属不可抗力原因所致，由保险公司理赔

（答案 C）　　　　　　　　　　　　　　　　（2004 年考卷综合实务题）

20. 根据《中华人民共和国海关法》的规定，报关人员向海关工作人员行贿的，海关有权对其进行行政处罚。下列处罚正确的是：

A. 由海关暂停其报关从业资格，并处以罚款

B. 由海关取消其报关从业资格，并处以罚款

C. 由海关注销其报关注册登记，并处以罚款

D. 情节轻微的，由海关责令改正，暂停其报关从业资格，并处以罚款；

情节严重的，取消其报关从业资格

（答案 B）　　　　　　　　　　　　　　　　（2004 年考卷单项选择题）

21．在加工过程中产生的边角料，企业可以按照下列方式处理：

A．放弃交海关处理

B．内销，按申报内销时的实际状态纳税

C．内销，按料件原进口状态纳税

D．自行销毁

（答案 AB）　　　　　　　　　　　　　　　（2004 年考卷综合实务题）

22．根据《中华人民共和国对外贸易法》的规定，对外贸易经营者未经授权擅自进出口实行国营贸易管理的货物的，国务院对外贸易主管部门或者国务院有关部门可以处 5 万元以上 10 万元以下的罚款。其判断错误。（2004 年考卷判断题）

《中华人民共和国对外贸易法》第六十条规定：违反本法第十一条规定，未经授权擅自进出口实行国营贸易管理的货物的，国务院对外贸易主管部门或者国务院其他有关部门可以处 5 万元以下罚款。

23．海关对于未取得报关从业资格的人员从事报关业务：

A．予以取缔，没收违法所得，可以并处 10 万元以下罚款

B．予以取缔，没收违法所得，可以并处 10 万元以下罚款，且规定其 3 年内不得参加报关员资格全国统一考试

C．以走私行为论处，给予相应的行政处罚

D．无权处理该人员，但可以对其所属报关单位处以罚款

（答案 A）　　　　　　　　　　　　　　　　（2005 年考卷单项选择题）

24．对于加工贸易企业违反海关监督规定，未如实向海关申报加工贸易制成品单位耗料量的，海关的处罚为：

A．没收货物，并处货物价值 10% 以上 50% 以下罚款

B．处货物价值 10% 以上 50% 以下罚款，有违法所得的，没收违法所得

C．没收货物，并处货物价值 5% 以上 30% 以下罚款

D．处货物价值 5% 以上 30% 以下罚款，有违法所得的，没收违法所得

（答案 D）　　　　　　　　　　　　　　　　（2005 年考卷单项选择题）

25．报关单位有下列情形之一的，海关予以警告，责令其改正，并可以处人民币 1 000 元以上 5 000 元以下罚款：

A．一年内所属报关员有两人次以上被记分考核达到 30 分的

B．报关企业取得变更注册登记许可后或者进出口货物收发货人单位名称、企业性质、企业住所、法定代表人（负责人）等海关注册登记的

内容发生变更，未按照规定向海关办理变更手续的

C. 未向海关备案，擅自变更或者启用报关专用章的

D. 报关员离职，未按规定向海关办理相关手续的

（答案 BCD）（2005 年考卷多项选择题）

26. 进出口货物纳税义务人在海关依法责令其提供纳税担保，而纳税义务人不能提供纳税担保的，经直属海关关长或其授权的隶属海关关长批准，海关可以采取下列税收保全措施：

A. 书面通知纳税义务人开户银行或者其他金融机构暂停支付纳税义务人相当于应纳税款的存款

B. 书面通知其开户银行或者其他金融机构从其存款内扣缴税款

C. 扣留纳税义务人价值相当于应纳税款的货物或者其他财产

D. 扣留并依法变卖其价值相当于应纳税款的货物或其他财产，以变卖所得抵缴税款

（答案 AC）（2005 年考卷多项选择题）

27. 《中华人民共和国海关行政处罚实施条例》规定，有下列情形之一的，海关应当予以从重处罚：

A. 因走私被判处罚或被海关行政处罚后在 2 年内又实施走私行为的

B. 武装掩护走私

C. 因违反海关监管规定被海关行政处罚后在 1 年内又实施同一违反海关监管规定的行为的

D. 海关工作人员参与实施走私行为的

（答案 AC）（2005 年考卷多项选择题）

28. 海关对在报关员记分考核中记分达 30 分的报关员，可以处以暂停其 6 个月以内从事报关业务的处罚。其判断错误。（2005 年考卷判断题）

本题所涉及的知识与报关员记分考核管理有关。《中华人民共和国海关对报关员记分考核管理办法》第 19 条规定："记分达到 30 分的报关员，海关将中止其报关员证效力，不再接受其办理手续。报关员应当参加注册登记海关的报关业务岗位考核，经岗位考核合格之后，方可重新上岗。"上述规定仅使报关人员暂时丧失报关资格，而并不具有处罚的性质。因此，本题应判断为不正确。

29. 伪造、变造、买卖海关单证的，海关可以对当事人处 5 万元以上 50 万元以下罚款，有违法所得的，没收违法所得；构成犯罪的，依法追究刑事责任。其判断正确。（2005 年考卷判断题）

30. 海关人员审核电子数据报关单时，要求报关员向海关提交货物样品，海关告知后报关员如拒不提供，导致海关退回报关单的，海关对该报关员一次

记分的分值为：

A. 1分　　B. 2分　　C. 5分　　D. 10分

（答案 B）　　（2006 年考卷单项选择题）

31. 根据我国缉私体制，不具有查缉走私权力的单位是：

A. 海关　　B. 公安部门　C. 税务部门　D. 检察部门

（答案 D）　　（2006 年考卷单项选择题）

32. 知识产权权利人接到海关发现知识产权侵权嫌疑货物的书面通知后，请求海关扣留侵权嫌疑货物，经海关同意提供担保的，总担保金额不得低于人民币：

A. 10 万元　　B. 15 万元　　C. 20 万元　　D. 50 万元

（答案 C）　　（2006 年考卷单项选择题）

33. 下列属于报关员报关执业禁止行为的包括：

A. 故意制造海关与报关单位、委托人之间的矛盾和纠纷

B. 同时在两个或两个以上报关单位执业

C. 将报关员证转借或者转让他人，允许他人持本人报关员证执业

D. 涂改报关员证

（答案 ABCD）　　（2006 年考卷多项选择题）

34. 下列属于海关在监管活动中应当行使行政处罚权的情况有：

A. 未按规定在纸质报关单上加盖报关专用章的

B. 向海关申报进口货物品名不实的

C. 加工贸易企业遗失加工贸易登记手册的

D. 报关员与他人通谋走私，构成走私罪的

（答案 BC）　　（2006 年考卷多项选择题）

35. 报关企业违反海关监管规定，海关予以警告，责令其改正，并可以处人民币 1 000 元以上 5 000 元以下罚款的情形有：

A. 未按照规定向海关办理企业名称变更手续的

B. 启用报关专用章未向海关备案的

C. 所属报关员离职之日起 7 日内向海关报告，但未办理注销手续的

D. 所属报关员 1 年内 3 人次以上被海关暂停执业的

（答案 ABC）　　（2006 年考卷多项选择题）

36. 下列行为中，以走私的共同当事人论处的是：

A. 与走私人通谋为走私人提供海关单证

B. 与走私人通谋为走私人提供邮寄方便

C. 直接向走私人收购走私货物

D. 与走私人通谋为走私人提供贷款

（答案 ABCD）　　（2006 年考卷多项选择题）

37. 加工贸易经营企业申请内销的剩余料件，如果金额占该加工贸易合同项下实际进口料件总额 5% 以内（含 5%）且总值在人民币 1 万元以下（含 1 万元）的，商务主管部门免于审批，属于进口许可证件管理范围的，企业免交许可证件。其判断错误。（2006 年考卷判断题）

正确的答案应是实际进口料件总额 3% 以内，而不是 5% 以内。

38. 海关发现多征税款的应当立即通知纳税义务人办理退还手续，纳税义务人应当自海关发出通知之日起 3 个月内办理有关退税手续。其判断正确。（2006 年考卷判断题）

39. 出料加工货物未按海关允许期限复运进境的，海关按照一般进出口货物办理。其判断正确。（2006 年考卷判断题）

三、“违犯处罚、罚款数额、处罚内容”预考题目揭秘

1. 根据我国的缉私体制，除了海关以外，公安、工商、税务、烟草专卖等部门也有查缉走私的权力，但这些部门查获的走私案件，必须按照法律规定，统一处理。各有关行政部门查获的走私案件，应当给予行政处罚的，移送海关依法处理；涉嫌犯罪的，应当移送海关走私犯罪侦查机关、地方公安机关依据案件管辖分工和法定程序办理。

2. 在调查走私案件时，须经直属海关关长或者其授权的隶属海关关长批准，才能进行检查，但不能检查公民住处。

3. 海关在调查走私案件时，经直属海关关长或者其授权的隶属海关关长批准，可以查询案件涉嫌单位和涉嫌人员在金融机构、邮政企业的存款、汇款。

4. 进口货物超过 3 个月未向海关申报，海关可以提取依法变卖处理；进口货物收货人或其所有人声明放弃的货物，海关有权提取依法变卖处理；海关依法扣留的货物、物品，不宜长期保留的，经直属海关关长或其授权的隶属海关关长批准，可以先行依法变卖；在规定期限内未向海关申报的以及误卸或溢卸的不宜长期保留的货物，海关可以按照实际情况提前变卖处理。

5. 报关企业从事报关服务应当履行的义务。

6. 报关单位违反海关监管规定的行为及其处罚。

7. 海关对报关员的记分考核，不同分值的处罚情形分别有哪些？

8. 报关执业禁止的行为有哪些？

9. 报关员违反海关监管规定的行为及其处罚有哪些？

10．滞报金与滞纳金的处罚内容。

11．不属于海关赔偿范围的内容有哪些？

12．货物在仓库储存期间发生损毁或者灭失，除不可抗力原因外，保税仓库应当依法向海关缴纳损毁、灭失货物的税款，并承担相应的法律责任。

13．保税仓库对货物可以进行包装、分级分类、印刷运输标志、分拆、拼装等简单加工，不得进行实质性加工。

14．国家禁止或限制进口的废物、对环境造成污染的货物不得声明放弃。

15．追征、补征税款的期限和要求。

16．海关稽查处理和法律责任。

17．海关对侵权嫌疑货物的处罚方式有哪些？

18．海关行政处罚依法不追究刑事责任的走私行为和按走私行为论处的行为有哪些？

19．海关行政处罚的形式和程序。

△具体考题

1．按海关有关规定，对尚未构成走私罪的违法当事人处以海关行政处罚的种类包括：

A．对有违法情事的报关单位和报关员处以警告以及暂停或取消对外贸易经营许可

B．对有走私情事的进出口企业处以暂停或取消对外贸易经营许可

C．没收货物物品及运输工具

D．对有走私行为和违反海关监管规定行为的当事人处以罚款

（答案 BD）

2．根据《海关法》有关规定，下列哪些行为属于走私罪或按走私罪论处：

A．未经国务院或国务院授权机关批准，从未设立海关的地点运输应缴纳关税（数额巨大）的货物、物品进出境

B．在内海、领海运输、收购、贩卖国家禁止或限制的数额较大且没有合法证明的进出口货物

C．申报进出境货物的原产国别、消费国别、贸易国别、贸易方式等项目不实的

D．未经海关许可擅自转让进出境运输工具的自用物料的

（答案 AB）

3．按照《海关法》有关规定，报关人员向海关工作人员行贿的，海关进行的行政处罚应该是：

A. 由海关注销其报关注册，并处以罚款

B. 由海关暂停其从业资格，并处以罚款

C. 由海关取消其从业资格，并处以罚款

D. 情节轻微的，海关责令改正，暂停其报关从业资格，并处以罚款；情节严重的取消其报关从业资格

（答案 D）

4. 按照《中华人民共和国海关行政处罚实施条例》第 18 条规定：有下列行为之一的，处货物价值 5% 以上 30% 以下罚款，有违法所得的，没收违法所得：

A. 经营海关监管货物的运输、储存、加工、装配、寄售、展示等业务，有关货物灭失、数量短少或记录不真实，不能提供正当理由的

B. 有违反海关监管规定的其他行为，致使海关不能或者中断对进出口货物实施监管的

C. 未如实向海关申报加工贸易制成品单位耗料量的

D. 未按照规定期限将过境、转运、通运货物运输出境，擅自留在境内的

（答案 ABCD）

5. 海关对加工贸易合同中有使用价值的边角料、剩余料件、残次品、副产品等可采取下列哪些处理方式：

A. 退运出口，凭出口报关单核销

B. 结转（申请转至另一合同加工出口）

C. 申请内销、补交进口税费

D. 申请放弃海关处理

（答案 ABCD）

6. 按海关有关规定，超期未报货物由海关提取变卖，变卖所得价款正确处理方式是：

A. 变卖所得价款，按规定顺序优先拨付

B. 出入境检验、检疫的费用不由变卖款支付

C. 对扣除后尚有余款的，自变卖之日起 1 年内补办进口申请手续

D. 余款逾期无人申请发还的，上缴国库

（答案 ACD。出入境检验、检疫的费用也由变卖款支付）

7.《中华人民共和国知识产权海关保护条例》第 27 条规定：对被没收的侵犯知识产权的货物，海关可以采取下列哪些处理方式：

A. 海关应当转交给有关公益机构用于社会公益事业

B. 知识产权权利人有收购意愿的，海关可以有偿转让给知识产权权利人

C. 海关可以在消除侵权特征后依法拍卖

D. 侵权特征无法消除的，海关应当予以销毁

（答案 ABCD）

8.《中华人民共和国海关对企业实施分类管理办法》第 10 条规定：企业有下列情形之一者，海关实施 D 类管理：

A. 2 年内走私偷逃应缴税款 50 万元人民币以上的（多次走私累计）

B. 伪造、涂改进出口许可证或批件的

C. 走私国家禁止进出口物品的

D. 拖欠海关税款 100 万元人民币以上的

（答案 ABCD）

9.《中华人民共和国海关行政处罚实施条例》第 6 条规定：抗拒、阻碍海关侦查走私犯罪公安机构依法执行公务的，由设在直属海关、隶属海关的海关侦查走私犯罪公安机构依照治安管理处罚的有关规定给予处罚。抗拒、阻碍其他海关工作人员依法执行公务的，应当报告地方公安机关依法处理。其判断正确。

10.《中华人民共和国海关行政处罚实施条例》第 12 条规定：违反海关法及其他有关法律、行政法规和规章但不构成走私行为的，是违反海关监管规定的行为。其判断正确。

11.《中华人民共和国海关行政处罚实施条例》第 13 条规定：违反国家进出口管理规定，进出口国家禁止进出口的货物的，责令退运，处 100 万元以下罚款。其判断正确。

12.《中华人民共和国海关行政处罚实施条例》第 14 条规定：违反国家进出口管理规定，进出口国家限制进出口的货物，进出口货物的收发货人向海关申报时不能提交许可证件的，进出口货物不予放行，处货物价值 30% 以下罚款。其判断正确。

综上所述，应试报关员资格者必须全部掌握报关工作中的“处罚”的具体内容。无论企业（单位）或法人（自由人），违法必惩，违规必罚，情节严重者还要追究刑事责任。只有人人守法，才能达到社会和谐，才能更好地进行国际贸易。

首先要明确和区分“违规”“走私行为”“走私罪”的概念和范围，准确地掌握不同处罚的具体内容。

注意不同的情事、不同的行为、不同的事件应适用不同的法规和不同的条款，要对号入座。总之，法规条款表述非常严谨，要认真推敲琢磨。注意运用新法规条款解答考题。

例如，要使用2004年1月1日起实行的《中华人民共和国进出口关税条例》条款解答一些关税方面的考题，而1992年3月18日国务院修订发布的《中华人民共和国进出口关税条例》部分条款内容就不适用了。又如，要使用2004年11月1日起实行的《中华人民共和国海关行政处罚实施条例》解答违规方面的一些问题，而1993年4月1日海关总署发布的《中华人民共和国海关法行政处罚实施细则》的部分条款内容就不适用了。

要牢固掌握有关“处罚”情况，要认真阅读当年教材和最新颁布的法规文件，否则就容易出错。

第六篇　关于“限制期限”要点提示、考题总汇、预考题目揭秘

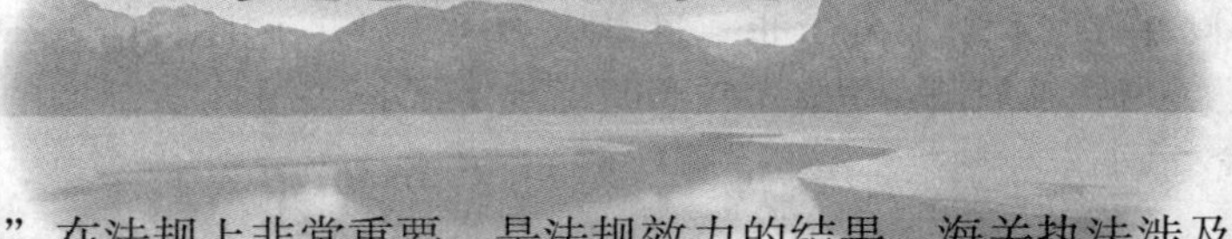

“时限”在法规上非常重要，是法规效力的结果。海关执法涉及各种时间要求，因为关系到国家利益，同时也是维护进出口当事人的合法权益及保证行政效率的需要。因此，“时限”也是考试的重要内容。

一、“限制期限、文件实施时间、具体时间要求”要点提示

1. 我国报关员资格审查是通过全国报关员资格统一考试的形式进行的。海关总署每年于考试前3个月对外公告发布考试范围、考试科目和时间（目前，海关总署规定报关员资格全国统一考试的时间为每年度11月份的第二个星期日，考试分两场，也可连续进行，共计3个小时）。

2. 《中华人民共和国海关法》是管理海关事务的基本法律规范，于1987年1月22日由第六届全国人民代表大会常务委员会第十九次会议通过，同年7月1日起实施。

3. 为了适应形势发展的需要，2000年7月8日第九届全国人民代表大会第十六次会议通过了《关于修改〈中华人民共和国海关法〉的决定》，对《海关法》进行了较大的修改，修改后的《海关法》于2001年1月1日起实施。

4. 根据《海关法》的规定，海关查验货物且认为必要时，可以径行提取货样；进口货物超过3个月未向海关申报，海关可以提取依法变卖处理。

5. 自进出口货物放行之日起3年内或者保税货物、减免税进口货物的海关监管期限内及其后的3年内，海关可以对与进出口货物直接有关的企业、单位的会计账簿、会计凭证、报关单证以及其他有关资料和有关进出口货物实施稽查。

6. 为了遏制和打击走私、逃骗汇、骗取出口退税等违法犯罪活动的猖獗势头，海关总署会同国家外汇管理局、国家税务总局、中国电信、中国人民银行等单位联合研制开发了“口岸电子执法系统”，经国务院正式批准，已于2001年6月1日起在全国推广应用。

7．1994 年 10 月 24 日，《中华人民共和国海关对专业报关企业的管理规定》公布实施。

8．1995 年 7 月 6 日，《中华人民共和国海关对代理报关企业的管理规定》公布实施。

9．2006 年 3 月 8 日对外公布、自 2006 年 6 月 1 日起施行的《中华人民共和国海关报关员执业管理办法》，专章明确规定了报关员注册制度的实体性和程序性要求。

10．报关企业申报年审的时间为每年的 1 月 1 日至 4 月 30 日。超过年审期限，由于企业自身原因不来参加年审的，海关将视为企业自动放弃报关资格。如果需要再行开展报关业务，需按前述有关要求，重新办理海关注册登记手续。

11．报关员遗失报关员证件，应自证件遗失之日起 15 日内向海关递交情况说明，并登报声明作废。海关于声明作废之日起 3 个月内予以补发，在此期间不得办理报关业务。

12．海关对 A 类企业实施的管理标准有若干条，其中一条为：注册登记两年以上，且连续 6 个月无走私违规行为记录，连续两年无拖欠海关税款之情事。

13．进口货物的收货人应当自运输工具进境之日起 14 日内，出口货物的发货人除海关特准之外，应当在货物运抵海关监管区装货后的 24 小时以前向海关申报。进口货物的收货人超过规定期限向海关申报的，由海关征收滞报金。

14．进口货物的收货人自运输工具申报进境之日起超过 3 个月未向海关检查申报的，其进口货物由海关提取依法变卖处理。

15．海关与中国银行按月对保证金台账的设立、核销情况进行对账。

16．根据现行规定，进口加工贸易的进口料件应自进口之日起 1 年内加工成成品返销出口（或复出口）；出口加工贸易的出口料件应自出口之日起 6 个月内加工成成品复运进口。

17．加工合同到期或执行完毕或最后一批成品加工出口后的 1 个月内向海关申请办理核销手续。

18．在保税工厂或由保税集团开展的加工贸易以及加工装配贸易在加工期间应向海关按期递交报表。根据海关规定，这类加工贸易均应在每季度第一个月的 15 日前将上一季度的加工贸易项下进口的料件和出口的加工成品及库存情况向主管海关递交报表，对于进料加工生产周期长的也要求每半年填写“进口料件使用表”向海关报送一次。

19．保税仓库所存货物的储存期限为 1 年。如因特殊情况需延长储存期限的，应向主管海关申请延期，经海关核准的延期最长不能超过 1 年。所存货物储存期满后超过3个月仍未转为进口或复运出口，按《海关法》有关规定，由海关提取依法变卖处理；变卖所得价款在扣除运输、装卸、储存等费用和进口税后，尚有余款的，自变卖之日起1年内，经货主申请予以发还，逾期无人申请的，上缴国库。

20. 保税仓库经营人应于每月的前5天定期向海关报送“收、付、存月报表”。保税仓库储存的保税货物采用结合“月报表”，由海关核查后“定期逐批核销”的方法核销。

21. 委托非保税区企业进行加工业务的，由非保税区企业向当地海关办理合同登记备案手续，并实行银行保证金台账制度。其加工期限为6个月，特殊情况可申请展延6个月。加工完毕，产品运回保税区。需从非保税区直接出口的，应向海关办理核销手续。

22. 出口加工区货物运经区外维修、测试或检验时，不得用于区外加工生产和使用，并应在运出之日起两个月内运回加工区。特殊情况不能如期运回，应于期限届满前7日内，向主管海关说明情况，并申明延期。申请延期以1次为限，延长期不得超过1个月。

23. 出口加工区的货物，在加工、储存期间，因不可抗力造成短少、损毁的，区内加工或仓储企业自发现之日起10日内报告主管海关，并说明情况。经海关核实确认后，准其在账册内减除。

24. 出口加工区之间的货物往来，应由收发货人双方联名向转出区主管海关提出申请，经海关核准后，按照转关运输的有关规定办理；不能按转关运输办理的，由转入区海关向收货人收取与货物等值的保证金。货物运抵转入区并经海关核对无误后，在10个工作日内退还保证金。

25. 按海关规定，特定减免税货物的海关监管年限为：船舶、飞机及建筑材料（包括钢材、木材、胶合板、人造板、玻璃等）8年；机动车辆和家用电器6年（除特种车辆，即主要不是用于载人或载货的车辆外，都已停止免税）；机器设备和其他设备、材料等8年。

26.《ATA单证册》项下货物税款的追索期为单证有效期满1年内。在海关提出追索之日起6个月内，担保人有权向海关提供货物已复出口或《ATA单证册》项下货物合法注销的证据。

27. 暂准进口货物应于货物进口之日起6个月内全部复运出境。

28. 暂时进口的施工机械、工程车辆、供安装使用的仪器、工具和电影摄制机械，以及盛装货物的容器，如超过6个月仍留在境内使用，经海关核准延长期限后，应自第7个月开始在延长期内按月缴纳进口关税及进口环节税。

29. 暂时进境或租借进境的集装箱应在进境之日起3个月内复运出境。因特殊情况需延长期限的，应向海关申请延期，经海关批准可适当延期，但一般延期不超过3个月。如在规定期限内不能复运出境的，应按购进集装箱向海关办理进口手续，并缴纳进口税费。

30. 直转方式转关的进口货物应当自运输工具申报进境之日起14天内向进境地海关办理转关手续，在海关限定期限内运抵指运地之日起14天内，向指运地海关办理报关手续，逾期按规定征收滞报金。

31. 提前报关的进口转关货物应在电子数据申报之日起5天内，向进境地海关办理转关手续。超过期限仍未到进境地海关办理转关手续的，指运地海关撤销提前报关的电子数据。提前报关的出口转关货物应在电子数据申报之日起5天内，运抵启运地海关监管场所，向启运地海关办理出口转关手续，超过期限未办理海关转关手续的，启运地海关撤销提前报关的电子数据。

32. 海关事务担保期限。在一般情况下，担保期不得超过20天，否则海关将对有关进口货物按规定处理。遇到特殊情况时，应在担保期内向海关申请延长担保期限，由海关审核批准延期。

33. 暂时进口货物的担保期限按照海关对暂时进口货物监管制度的有关规定执行，一般是在货物进口之日起6个月内。

34. 按知识产权海关保护备案批准及签发证书的具体要求，备案自海关总署签发"知识产权海关保护备案证书"之日起生效，有效期为10年。凡自备案生效之日起知识产权的法律保护期不足10年的，备案的有效期以知识产权的法律保护期为准。备案有效期满要求续展备案的，应当在期满前6个月向海关总署申请续展备案。

35. 收货人或者发货人认为其进出口货物未侵犯权利人知识产权的，应当自海关扣留凭单送达之日起7日内向海关提出书面说明。未提出异议的，海关经调查，有权将扣留的侵权嫌疑货物按侵权货物处理；提出异议的，应由海关立即通知权利人或其代理人。权利人或其代理人在书面通知送达之日起15天内，有权将侵权争议提请知识产权主管部门处理或者向人民法院提起诉讼。

36. 海关发现进出境货物有侵犯在海关备案的知识产权嫌疑的，海关有权予以扣留，并应当制作扣留凭单，送达收货人或者发货人，并立即书面通知知识产权权利人。知识产权权利人自通知送达之日起3天内，提出知识产权保护措施书面申请的，海关将依照上述规定办理。

37. 过境货物自进境之日起超过规定的3个月期限未向海关申报的，按《海关法》的规定由海关提取变卖处理。

38. 过境货物自向海关申报进境后，因特殊的原因，在海关规定的6个月内不能出境的，应向海关申请延期，经海关同意后，可延期3个月。如无特殊情况经延期后仍不能出境，擅自留在境内的，海关按《海关行政处罚实施条例》的规定处以罚款。

39. 进口误卸、溢卸货物，经海关审定确实的，由载运该货物的原运输工具负责人，自该运输工具卸货之日起3个月内，向海关申请办理退运出境手续；或者由该货物的收发货人，自该运输工具卸货之日起3个月内，向海关申请办理退运或者申报进口手续。

40. 申请直接退运一般应在载运该货物的原运输工具申报进境之日起或自运输工具卸货之日起3个月内，由货物所有人或其代理人向进境地海关提出正式书面申请，并填写“直接退运货物审批表”。

41. 超期未报货物是指收货人自运输工具申报进境之日起，超过3个月未向海关申报的进口货物。

42. 在规定的进境后3个月期限内未向海关申报和无人认领的行邮物品、经邮政企业确认无法投递又无法退回的行邮物品，以及被海关认定为逾期未报的行邮物品，通过变卖后所得价款在扣除运输、装卸、储存等费用和税款后，尚有余款的，自物品依法变卖之日起1年内，经进出境行邮物品所有人申请，予以发还。

43. 按《协调制度国际公约》要求，发展中国家在成为缔约成员国时，要同意尽最大努力在本公约对本国生效之日起5年内或在本国认为合适的期限内全部采用6位数级的《协调制度》。

44. 直属海关或者海关总署做出的预归类决定以“海关进出口商品预归类决定书”的形式通知申请人。直属海关做出的预归类决定在本关区范围内有效，海关总署做出的预归类决定在全国范围内有效。申请人在有关货物进出口时，应向进出口地海关递交“决定书”。“决定书”自海关签发之日起1年内有效，只准申请人使用。

45. 申请商品归类行政裁定应当在货物拟进口或出口的3个月前向海关总署或其授权的海关提交书面申请。海关在受理申请之日起60天内做出商品归类行政裁定并通知申请人和对外公布。

46. 船舶吨税自船舶申报进境之日起征收，并分3个月期缴纳和30天期缴纳两种，纳税人（即船舶负责人）可根据船舶航行的航次、航期和滞留港口时间自行选择纳税种类，按3个月期缴纳的，按法定税级税率征收吨税，按30天期缴纳的，按法定税级税率减半征收吨税。纳税人（船舶负责人）应自海关签发吨税缴纳书之日起5天内向海关缴清吨税，并由海关签发船舶吨税执照。

47. 经国务院批准，海关总署、财政部、国家物价局联合制定了《中华人民共和国海关对进口减税、免税和保税货物征收海关监管手续费的办法》。

该办法于1988年9月20日对外公布，并于同年9月25日起实施。

48．关税的临时减免已于1993年6月暂停审批。

49．关于补税的适用税率时间：

（1）按照特殊减免税办法批准予以减免税的进口货物，经海关批准转让出售需补税时，应按其原进口日所实施的税率征税。

（2）属于保税性质的来料加工、进料加工的进口料件，如经批准转关内销的，应按向海关申报转内销当天的税率补税。

（3）暂时进口货物转为正式进口需补税时，应按其转为正式进口日期所实施的税则税率征税。

（4）对于未经批准擅自转为内销的来（进）料加工的进口料件及暂时进口货物，按海关查获之日所实施的税则税率补税。

（5）由于税则归类的改变、完税价格的审定或其他工作差错而需补交税款的，应按原征税日期实施的税则税率补税。

（6）溢卸、误卸货物事后确定需征税的，应按其原申报进口日期所实施的税则税率补税。原进口日期无法查明时，可按确定补税当天所实施的税则税率补税。

（7）海关查获走私进口货物需补税时，应按查获日期所实施的税则税率补税。

50．按海关有关规定，获批准实行定期汇总纳税制的纳税人，对在管辖海关办理进境申报手续的货物，每10天应向管辖海关办理一次纳税手续。海关在第11天将前10天通关货物应纳税款分别计征后，合计开出关税缴款书，并注明“定期汇总纳税”，同时，应随附征税货物计算表。

51．欲缓纳关税的纳税人应当在有关货物进口之前或海关办理该货物内销通关申报手续之后的7天内向办理上述手续的海关提出书面申请，并说明缓税理由，同时向海关递交银行担保书和缴纳计划书。超过申请缓纳关税时限的，海关将不予受理。

52．关税的缓纳期限一般为3个月，因特殊原因超过3个月的需要向海关总署提出申请。实行关税缓纳的纳税人，还应向海关支付关税缓纳期内的关税利息。我国海关规定利息从批准缓税后的第16日开始到纳税人或其代理人缴纳税款日为止，不足1个月的按1个月计算，利息率为每月1‰，利息随同税款一同缴入国库。

53．对在海关填发关税缴纳书之日起3个月内未履行缴纳关税义务的纳税人，海关可以采取强制缴纳手段来直接获得应纳税款。

54．海关签发的“进出口货物征免税证明”的有效期是3个月。情况特殊的，应在到期之前向海关提出申请，经主管海关批准可以延长。延长的最长期限是 3 个月。

55. 进口货物的收货人及其代理人应当自运载该项货物的运输工具申报进境之日起 14 天内向海关申报，最后一天为法定节假日或休息日的，顺延至节假日或休息日后的第一个工作日。

56. 确属误卸或者溢卸的进境货物的收发货人自该运输工具卸货之日起 3 个月内，向海关办理退运或者进口手续；必要时，经海关批准，可以延期 3 个月。逾期未办理手续的，由海关按有关规定处理。

57. 出口货物的发货人及其代理人应当在货物运抵海关监管区后装货的 24 小时以前向海关申报。

58. 被查验货物损坏赔偿金额确定后，进出口货物的收发货人应当向海关领取“中华人民共和国海关损坏货物、物品赔偿通知单”，并自收到“通知单”之日起 3 个月内凭以向海关领取赔偿，或将银行账号通知海关，由海关直接从银行划拨；逾期则无权要求海关再赔偿。

59. 办理直接退运手续的时限是：属于应领取许可证件的进口货物办理直接退运手续，应当在运输工具申报进境之日起 14 天内提出书面申请。其他需要办理直接退运手续的货物，一般应在运输该批货物的运输工具申报进境之日起或运输工具卸货之日起 3 个月内提出书面申请。

60. 出口货物的发货人及其代理人应当在得知出口货物未装上运输工具并决定不再出口之日起的 3 天内向海关申请退关，经海关核准且撤销出口申报后方能将货物运出海关监管场所。

61. 经营加工贸易的企业在加工贸易合同到期或最后一批成品出运后 1 个月内向主管海关申请核销。海关对联网企业实行定期或周期性的核销制度，一般规定 180 天为一个报核周期。首次报核期限为从电子账册建立之日起 180 天后的 30 天内；以后的报核期限为从上次报核之日起 180 天后的 30 天内。出口加工区区内企业加工贸易实行备案账册的滚动累加、扣减，每 6 个月核销一次。

62. 加工装配合同、进料对口合同以出口交货的最后期限为合同期；进料非对口合同、保税工厂和保税集团加工贸易合同以海关核发《登记手册》之日起 1 年为合同期。合同期也是加工贸易《登记手册》的有效期。情况特殊经海关批准予以延长的，以批准延长后的最后期限为合同期，手册的有效期也相应延长。最后一批成品在合同期内出运的，应当在最后一批成品出运后 1 个月内向海关申请核销；迟于合同期的，应该在合同到期 1 个月内申请核销。

63. 加工贸易不作价设备的海关监管年限为 5 年，在 5 年内必须用于加工贸易的加工生产。使用完毕或监管期满，加工贸易企业应当将不作价设备复运出境，办理复运出境手续，并凭复运出境的报关单证向主管海关办理加工贸易不作价设备《登记手册》的核销申请手续。

64. 暂准（时）进出口货物的担保期限一般是在货物进出口之日起的6个月。情况特殊的可以向主管海关提出延期申请。经海关批准后，可以延期，延期的最长期限一般是半年。

65. 暂时进口的施工机械、工程车辆、供安装使用的仪器、工具或电视、电影摄制机械，以及盛装货物的容器，在延长期内，应自延期后的第一个月起按月缴纳进口成本税，直到延长期满。不足1个月的按1个月缴纳。每月缴纳进口税的完税价格以原进口货物的完税价格的1/48计算。

66. 提前报关的进口转关货物应在电子数据申报之日起5天内，向进境地海关办理转关手续。超过期限仍未到进境地海关办理转关手续的，将被指运地海关撤销报关的电子数据。

提前报关的进口转关货物，进境地海关因故无法调阅进口转关数据时，可以按直转货物的规定办理转关手续。

67. 直转的转关货物的收货人及其代理人，应当在运输工具申报进境之日起14天内，向进境地海关申报办理转关运输手续。逾期办理的缴纳滞报金。

68. 直转的转关货物应当在海关限定的时间内运抵指运地。货物运抵指运地海关之日起14天内，进口货物的收货人及其代理人应向指运地海关申报进入基本报关程序。逾期申报的缴纳滞报金。

69. 过境货物应自入境之日起6个月内运输出境。因特殊情况需要延长期限的，应向海关申请延期，延长期不得超过3个月。转运货物应在进境后3个月内转运出境。过境、转运、通运货物超过规定期限3个月未运输出境的，由海关提取依法变卖处理。

70. 无代价抵偿货物应在原进出口合同规定的索赔期内（最长不得超过3年）进出口，超出索赔期限的，不能按无代价抵偿货物报关。

71. 出口保税区委托保税区外企业加工的货物，由加工企业向企业所在地主管海关登记备案，设立台账，申领《登记手册》，凭以按加工贸易货物报关程序向保税区海关办理进口报关手续。加工期限为6个月，特殊情况下可以延期，延长的期限不超过6个月。加工完毕产品运回保税区时按加工贸易货物报关程序办理出口报关手续，并按规定报核。

72. 出口加工区内使用的机器、设备、模具和办公用品等运往区外维修、测试或检验，由区内企业或机构填写“出口加工区货物运往区外维修查验联系单”，向海关申请，经海关核准、登记和查验后，运出加工区，并应在期满前7天内申请延期。延长期不得超过1个月。

73. 暂时进出境集装箱应当在进出境之日起 3 个月内复运出境或复运进境。因特殊情况需延长期限的，应向海关申请延期，延期不得超过 3 个月。到期不能复运进出境的，经营企业及其代理人应当按一般贸易报关程序办理进出口报关手续。

74. 出料加工在境外加工的期限是 6 个月，情况特殊需要延期的，由出料加工企业向海关提出书面申请，经海关批准还可以延长 3 个月。

75. 进口溢卸、误卸货物由载运该货物的原运输工具负责人自该运输工具卸货之日起 3 个月内，向海关申请办理退运出境手续；或者由该货物的收发货人，自该运输工具卸货之日起 3 个月内，向海关申请办理退运或者按基本报关程序申报进口。经载运该货物的运输工具负责人，或者该货物的收发货人申请，经海关批准，可以延期 3 个月办理退运出境或申报进口手续。

76. 领事馆免税运进的公用物品，未经海关批准不得转让。因特殊原因需转让的（对运进的汽车，除离任或其他特殊情况，必须在运进使用两年后方准转让），应事先填写“外国使、领馆公私用品转让申请书”送使领馆所在地主管海关。经海关批准后方可办理转让手续。

77. 国际航行船舶在进入我国关境时，船方或其代理人应在船舶抵达口岸前或者抵达口岸后 24 小时内，向进境地海关递交有关单证进行申报。

78. 国际航行船舶到港时，船舶负责人及其代理人如果不能及时提供齐全的载货清单，须向海关出具保函，经海关同意后可以先行卸货，但应当在卸货后 24 小时以内，将齐全的载货清单补交经办海关。

79. 船舶负责人及其代理人应当在船舶驶离口岸前 24 小时通知海关（船舶在口岸停泊时间不足 24 小时的，在抵达口岸时通知），向海关交验有关单证，办理出口岸手续，在海关审定符合监管条件做出放行决定后，驶离关境。

80. 2006 年实行进口许可证管理的货物仅为消耗臭氧层物质 1 类，总计 10 个 8 位 HS 编码。

81. 进口货物许可证有效期为一年。

82. 实行出口配额商品的出口许可证有效期为 6 个月，出口许可证需要跨年度使用的，其有效期的截止日期不得超过次年 2 月底。

83. “进口配额证明”是进口配额货物时，申领进口许可证的凭据。此证由国家计委授权的配额管理机关，根据国家计委下达的配额审核签发。“进口配额证明”有效期为 3 个月。超期未申领许可证的，进口配额一律作废。

84. “特定商品进口登记证明”有效期为 6 个月，超过有效期需继续签订合同的，需到原发证机关重新登记。

85. “自动进口许可证”有效期为 1 年。在有效期内因特殊原因需要延期的，进口单位应当到原发证机关申请办理延期换证手续，“自动进口许可证”只能延期一次。

86．入境货物需对外索赔出证的，应在索赔有效期前不少于20天内向到货口岸或货物到达地的检验检疫机构报验。

87．从2001年8月起，企业在货物出口报关后，可以利用口岸电子执法系统在网上进行交单，不再需要专门到外汇管理局办理交单（出口收汇核销单存根），待企业实际收汇后，企业可持出口收汇核销单、出口货物报关单、发票等国家规定的出口收汇核销的专用有效凭证，按月集中到外汇管理局一次性办理核销。

88．外商投资企业的出口货物，可每月定期办理收汇核销手续。

89．出口单位不论采用何种方式收汇，必须在最迟收款日期后的30个工作日内，凭借付款行签章的“出口外汇核销单”以及有关证明文件到当地外汇管理局办理出口收汇核销手续。

90．进口单位应当在有关货物进口报关后1个月内向外汇管理局办理核销手续。

91．为使我国出口商品生产企业符合ISO9000系列标准，产品顺利进入国际市场，1991年10月原国家商检局（现出入境检验检疫局）和外经贸部发出联合通知，决定在我国商品生产企业推行ISO9000系列标准，并由商检局制定、公布《出口产品生产企业质量体系评审管理办法》。

92．1991年1月起，除个别特殊领域外，不允许再使用非法定计量单位。在对外贸易中，出口货物除合同规定需采用米制、英制或美制计量单位者外，均应使用法定计量单位。一般不进口非法定计量单位的仪器设备，如有特殊需要，需经有关省、市、自治区以上的计量管理机构批准。

93．国家技术监督局于1988年成立了中国物品编码中心。1991年4月18日，中国物品编码中心代表我国正式加入国际物品编码协会（EAN），并自7月1日起正式履行该会会员的权利和义务。

94．在海关监管区和海关附近沿海沿边规定地区，对有走私嫌疑的运输工具、货物、物品和走私犯罪嫌疑人，经直属海关关长或其授权的隶属海关关长批准，可以扣留；对走私犯罪嫌疑人，扣留时间不得超过24小时，在特殊情况下可以延长至48小时。

95．自进出口货物放行之日起3年内或者在保税货物、减免税进口货物的海关监管期限内及其后的3年内，海关可以对与进出口货物直接有关的企业、单位的会计账簿、会计凭证、报关单证以及其他有关资料和有关进出口货物实施稽查。

96．进口许可证的有效期为1年，当年有效。特殊情况需要跨年度使用时，有效期最长不超过次年3月31日，逾期自行失效，海关不予放行。

97．出口许可证的有效期不得超过6个月。出口许可证需要跨年度使用时，其有效期的截止日期不得超过次年2月底。

98．自动进口许可证有效期为6个月，但仅限公历年度内有效。

二、"限制期限、文件实施时间、具体时间要求"考题总汇

1．第九届全国人民代表大会第十六次会议通过了《关于修改〈中华人民共和国海关法〉的决定》，新修订的海关法于什么时间起实施：

A．2000年7月8日　　B．2000年10月1日

C．2001年1月1日　　D．2001年10月1日

（答案C）　　（2001年考卷单项选择题）

2．申请出口货物退关的，应当在退关之日起____内向海关申请。

A．24小时　　B．3天

C．14天　　D．3个月

（答案B）　　（2001年考卷单项选择题）

3．经海关确认的溢卸、误卸货物从____3个月内，可同原装载船舶负责人或货物所有人向海关办理退运或进口手续。

A．海关确认的溢卸、误卸货物之日起

B．海关确认的溢卸、误卸货物起卸之日起

C．海关确认的溢卸、误卸货物卸完之日起

D．海关确认的溢卸、误卸货物向海关申报之日起

（答案B）　　（2001年考卷单项选择题）

4．外商投资企业享受特定减免税优惠进口的机器设备自进口之日起超过5年的，可以向海关申请解除监管。其判断正确。

5．进口货物的报关时限是在运输工具申报进境之日起14日之内，出口货物的报关时限是在装货的24小时以前。其判断正确。

综上看出，2001考卷考了5个"时限"题目。应该说重复了前几年考的溢卸、误卸货物的时限内容，但2001年的出题方式别开生面，应引起注意。

6．武汉某合资企业专营玻璃加工生产，该公司于2000年6月与香港某公司签约购买平板玻璃深加工设备一套，该设备属于《外商投资产业指导目录》中的鼓励进口项目。设备于2001年2月1日（星期四）由华阳运输公司的

“HUADONG VOY. 302”轮载运进口，该合资企业委托上海某报关行于2001年2月2日向上海海关办理转关申请手续，后由“长江号”轮船于2001年2月5日运抵武汉，并于2001年2月20日向武汉海关办理进口报关手续，货物经海关查验后放行。这种情况下该企业应该缴纳多少天的滞报金？

A. 在法定申报时限内申报，不存在滞报问题

B. 应向海关缴纳1天的滞报金

C. 应向海关缴纳2天的滞报金

D. 应向海关缴纳3天的滞报金

（答案C）　　（2002年考卷单项选择题）

7. 对于经电缆、管道等方式输送进出口的货物，如水、原油、电力、天然气等，应该由经营人按主管海关的要求，定期向海关申报。其判断正确。（2002年考卷判断题）

8. 进出口货物完税后，由于海关方面的原因造成的少征或者漏征税款，海关可以自缴纳税款或者货物进口之日起3年内，向收发货人或者他们的代理人补征。其判断错误。（2002年考卷判断题）

9. 中国正式成为世界贸易组织成员的时间是：

A. 2000年12月1日　　B. 2001年12月11日

C. 2002年12月1日　　D. 2002年1月1日

（答案B）　　（2003年考卷单项选择题）

10. 报关员的年审应：

A. 在企业年审之前进行　　B. 在企业年审之后进行

C. 与企业年审同时进行　　D. 在“报关员证”有效期内随时进行

（答案C）　　（2003年考卷单项选择题）

11. 某报关员不慎将报关员证遗失，根据现行海关规定，该报关员应该：

A. 在证件遗失之日起7日内向海关递交情况说明，并登报声明作废

B. 在证件遗失之日起14日内向海关递交情况说明，并登报声明作废

C. 在证件遗失之日起15日内向海关递交情况说明，并登报声明作废

D. 在证件遗失之日起30日内向海关递交情况说明，并登报声明作废

（答案C）　　（2003年考卷单项选择题）

12.“进口许可证”原则上实行“一批一证”制度，对不实行“一批一证”的商品，发证机关在签发进口许可证时必须在备注栏中注明“非一批一证”字样，该证在有效期内可使用：

A. 12次　　B. 8次

C. 6次　　D. 无次数限制

（答案 A）　　　　　　　　　　　　　　　　　　（2003 年考卷单项选择题）

13. 加工贸易不作价设备的海关监管期为 5 年，监管期满应当复运出境，如需留用则即使监管期已满，也要补办进口手续，补缴进口税。其判断错误。（2003 年考卷判断题）

原因是根据海关有关规定，加工贸易不作价设备监管期限为 5 年，监管期限届满则复运出境，如监管期满仍需留在境内继续使用，需办理相应的海关手续，但海关不予征税。

14. 在采用电子和纸质报关单申报的一般情况下，海关接受申报的时间以接受电子数据报关单申报的时间为准。其判断正确。（2003 年考卷判断题）

15. 报关单位通过海关年审的，海关予以延长 1 年报关有效期，报关单位在有效期内可以继续从事报关业务；未通过年审的，海关将不再接受办理报关纳税等海关事务。其判断正确。（2004 年考卷判断题）

16. 内资企业和外商投资企业，凡进口列入自动许可货物管理目录的商品而申领的自动许可证，均实行“非一批一证”管理，并在有效期内最多可使用 6 次。其判断错误。（2004 年考卷判断题）

按有关规定，外资企业自动许可货物实行“非一批一证”，最多使用 6 次。其他企业的则实行“一批一证”制。

17. 关于“两用物项和技术出口许可证”说法正确的是：

A. 在有效期内每证只能在一个海关报关使用，且只能使用一次

B. 在有效期内每证只能在一个海关报关使用，每证最多可使用 6 次

C. 在有效期内每证只能在一个海关报关使用，每证最多可使用 12 次

D. 原则上不能更改证面内容，如需更改，出口经营者需向商务部提出申请，在更改处加盖更改章后生效

（答案 A）　　　　　　　　　　　　　　　　　　（2004 年考卷单项选择题）

18. 关于海关接受申报的时间，下列表述错误的是：

A. 经海关批准单独以电子数据报关单形式向海关申报的，以“海关接受申报”的信息发送给进出口货物收发货人或其代理人，或者以公布于海关业务现场的时间为接受申报的时间

B. 经海关批准单独以纸质报关单形式向海关申报的，以海关在纸质报关单上进行登记处理的时间为接受申报的时间

C. 在先以电子数据报关单向海关申报，后以纸质报关单向海关申报的情况下，海关接受申报的时间以海关接受纸质报关单申报的时间为准

D. 在采用电子和纸质报关单申报的一般情况下，海关接受申报的时间以海关接受电子数据报关单申报的时间为准

（答案 C）　　（2004 年考卷单项选择题）

19. 一批转口的货物于 2003 年 6 月 1 日进入某保税仓库储存，到 2004 年 5 月底因故没有出库，经海关批准延期 3 个月，但到期仍未出库，按规定海关对这批货物可以提取依法变卖的时间为：

A. 2004 年 8 月底以后　　B. 2004 年 11 月底以后

C. 2005 年 5 月底以后　　D. 2005 年 8 月底以后

（答案 B）　　（2004 年考卷单项选择题）

20. 下列关于海关对进出境货物监管期限的表述正确的是：

A.《ATA 单证册》项下的展览品自货物进境之日起 6 个月内应当复运出境，但经海关批准后可以延期，延期的期限最长不得超过 3 个月

B. 境外集装箱箱体暂准进境，应当于进境之日起 6 个月内复运出境，但经海关批准后可以延期，延期的期限最长不得超过 3 个月

C. 过境货物的过境期限为 6 个月，但经海关批准后可以延期，延期的期限最长不得超过 3 个月

D. 出料加工货物自出境之日起 6 个月内应当复运进境，但经海关批准后可以延期，延长的期限最长不得超过 3 个月

（答案 BCD）　　（2004 年考卷多项选择题）

21. 海关于 2004 年 7 月 9 日（星期五）填发税款缴款书，纳税义务人最迟应于哪一天缴纳税款，才可避免滞纳：

A. 7 月 23 日　　B. 7 月 24 日

C. 7 月 25 日　　D. 7 月 26 日

（答案 D）　　（2004 年考卷单项选择题）

22. 纳税义务人、担保人超过规定期限未缴纳税款的，海关可以依法采取强制扣缴措施，其规定期限是：

A. 15 天　　B. 1 个月

C. 3 个月　　D. 6 个月

（答案 C）　　（2004 年考卷单项选择题）

23. 海关发现多征税款的，应当立即通知纳税义务人办理退税手续，纳税义务人应当：

A. 自收到通知之日起 1 年内办理有关退税手续

B. 自收到通知之日起 3 个月内办理有关退税手续

C. 自海关发出通知之日起 1 年内办理有关退税手续

D. 自海关发出通知之日起 3 个月内办理有关退税手续

（答案 B）　　（2004 年考卷单项选择题）

24.《中华人民共和国行政许可法》实施的时间是：

A. 2003 年 1 月 27 日　　B. 2004 年 1 月 1 日

C. 2004 年 5 月 1 日　　D. 2004 年 7 月 1 日

（答案 D）　　（2004 年考卷单项选择题）

25. 报关企业报关注册登记证书和进出口货物收发货人报关注册登记证书的有效期为：

A. 均为 2 年

B. 均为 3 年

C. 报关企业为 3 年，进出口货物收发货人为 2 年

D. 报关企业为 2 年，进出口货物收发货人为 3 年

（答案 D）　　（2005 年考卷单项选择题）

26. 出口许可证如有特殊情况需要跨年度使用时，其有效期最长不得超过次年的：

A. 1 月 31 日　　B. 2 月底

C. 3 月 31 日　　D. 4 月 30 日

（答案 B）　　（2005 年考卷单项选择题）

27. 因纳税义务人违反规定造成少征或漏征税款的，海关可以在规定期限内追征税款并从缴纳税款或者货物放行之日起至海关发现违规行为之日止按日加收少征或漏征税款的滞纳金。其规定期限和滞纳金的征收标准分别为：

A. 1 年；0.5‰　　B. 3 年；0.5‰

C. 1 年；1‰　　D. 3 年；1‰

（答案 B）　　（2005 年考卷单项选择题）

28. 关于税率使用时间，下列表述正确的是：

A. 减免税货物经批准转让或者移作他用的，应当适用海关批准之日实施的税率征税

B. 因纳税义务人违反规定需要追征税款的，应当适用海关发现该行为发生之日实施的税率

C. 租赁进口货物分期缴纳税款的，应当适用海关接受申报办理纳税手续之日实施的税率

D. 进口货物到达前，经海关核准先行申报的，应当适用装载该货物的运输工具申报进境之日实施的税率

（答案 CD）　　（2005 年考卷多项选择题）

29. 电子数据报关单被海关退回的，进出口货物收发货人或其代理人应当按照要求修改后重新申报，申报日期为海关接受重新申报的日期。其判断正

确。（2005 年考卷判断题）

30. 《ATA 单证册》下进境的展品自货物进境之日起 6 个月内应当复运出境，特殊情况需要延长且延长期不超过 6 个月的可以向直属海关申请延期，延长期超过 6 个月的需要经海关总署批准。其判断正确。（2005 年考卷判断题）

31. 关税纳税义务人或其代理人应当自海关填发税款缴款书之日起 15 个工作日内向指定银行缴纳税款。其判断错误。（2005 年考卷判断题）

《关税条例》第 37 条规定，纳税义务人应当自海关填发税款缴款书之日起 15 日内向指定银行缴纳税款。该规定中的“日”是自然日，并非工作日。

32. 直属海关在接到进口货物收发货人或者经营单位的原产地预确定书面申请和全部必要文件资料后 150 天内做出原产地预确定决定，并告知申请人。其判断错误。（2005 年考卷判断题）

进口货物的收货人或经营单位在有正当理由的情况下，备齐海关规定的文件、资料，可以向直属海关申请对其将要进口的货物的原产地进行预确定。直属海关将在接到申请人的书面申请和全部必要文件资料后 150 天内，做出原产地的预确定决定，并告知申请人，其先决条件是预确定所依据的原产地规则、事实和条件不发生变化。

33. 海关应当自受理退税申请之日起 30 日内查实并通知纳税人办理退还手续。纳税人应当自收到通知之日起 60 日内办理有关退税手续。其判断错误。（2005 年考卷判断题）

《关税条例》第 52 条规定，海关发现多征税款的应当立即通知纳税义务人办理退还手续。纳税义务人应当自收到通知之日起 3 个月内办理有关退税手续。

34. 实行“非一批一证”管理的出口许可证，其使用次数最多不超过：

A. 3 次　　B. 6 次　　C. 5 次　　D. 12 次

（答案 D）　　　　　　　　　　　　（2006 年考卷单项选择题）

35. 海关于 2006 年 4 月 17 日（星期一）填发海关专用缴款书。为避免产生滞纳金，纳税义务人最迟应缴纳税款的日期是：

A. 4 月 30 日　　　　B. 5 月 2 日

C. 5 月 8 日　　　　D. 5 月 9 日

（答案 C）　　　　　　　　　　　　（2006 年考卷单项选择题）

36. 关于申报期限，以下表述正确的是：

A. 进口货物的申报期限为自装载货物的运输工具进境之日起 14 日内

B. 出口货物的申报期限为货物运抵海关监管区后、装货前 24 小时

C. 经海关批准集中申报的进口货物，自装载货物的运输工具申报进境之

日起 1 个月内办理申报手续

D. 经电缆、管道或其他特殊方式进出境的货物，进出口货物收发货人或其代理人应当按照海关的规定定期申报

（答案 ABCD）　　（2006 年考卷多项选择题）

37. 下列关于海关专用监管场所或特殊监管区域保税物流货物存放时间的表述，正确的是：

A. 保税仓库存放保税物流货物的时间是 1 年，可以申请延长，延长期最长 1 年

B. 出口监管仓库存放保税物流货物的时间是 1 年，可以申请延长，延长期最长 1 年

C. 保税物流中心（A 型）存放保税物流货物的时间是 1 年，可以申请延长，延长期最长 1 年

D. 保税物流中心（B 型）存放保税物流货物的时间是 2 年，可以申请延长，延长期为 1 年

（答案 BC）　　（2006 年考卷多项选择题）

38. 报关员注册有效期为 3 年，有效期届满报关员需要继续从事报关业务的，应当在有效期届满 20 日前向海关提出延续报关员注册的申请。其判断错误。（2006 年考卷判断题）

39. 海关对进出境运输工具的检查不受海关监管区域的限制。其判断正确。（2006 年考卷判断题）

三、“限制期限、文件实施时间、具体时间要求”预考题目揭秘

1. 稽查权期限。

2. 进口货物未向海关申报的限制期限。

3. 报关单位和收发货人登记证书有效期限和报关员注册有效期限。

4. 进口许可证和出口许可证的有效期限和最多可使用次数。

5. 自动进口许可证有效期限和累计使用次数。

6. 纺织品临时出口许可证以及两用物项和技术进口许可证有效期。

7. 一般进口货物、保税货物、特定减免税货物、暂准进境货物和其他进境货物最终办结海关手续的期限。

8. 一般进出口货物的申报期限和自装载进口货物的运输工具申报进境期限。

9. 纸质手册管理和电子账册管理的保税加工报核期限。

10. 结转报关手续的期限。

11. 海关受理企业的报核和核销期限。

12. 海关对联网企业报核的期限。

13. 特定减免税货物的海关监管期限。

14. “进出口货物征免税证明”的有效期限。

15. 暂准进出境货物按原状复运进出境的规定期限。

16. 根据国际公约的规定，《ATA 单证册》的有效期最长是 1 年。

17. 进出口展览品和境外集装箱箱体暂准进境的期限。

18. 过境货物和进出境快件的申报期限。

19. 无代价抵偿货物、进出境修理货物、境外加工货物、溢卸和误卸货物、超期未报货物、退运与退关货物的进出境申请期限。

20. 转关运输的期限。

21. 退税、追征和补征税款的期限。

22. 知识产权海关保护备案申请海关受理的期限、备案有效期以及续展备案有效期。

23. 海关对扣留侵权嫌疑货物的限制期限。

24. 海关行政许可期限和延续期限。

25. 海关行政裁定受理期限。

△具体考题

1. 收货人自运输工具申报进境之日起，超过多长时间未向海关申报，其进口货物由海关提取依法变卖处理？

A. 3 个月　B. 6 个月　C. 1 年　D. 3 年

（答案 A）

2. 提前报关的进口转关货物应在电子数据申报之日起多少天内向进境地海关办理转关手续？

A. 10　B. 7　C. 5　D. 15

（答案 C）

3. 暂准进口的机械设备等如超过规定期限复运出境的，应从第____个月起按月征收进口关税和进口环节税。

A. 3　B. 6　C. 7　D. 8

（答案 B）

4. 《中华人民共和国海关行政处罚实施条例》自____年 11 月 1 日起施

行。1993 年 2 月 17 日国务院批准修订、1993 年 4 月 1 日海关总署发布的《中华人民共和国海关法行政处罚实施细则》同时废止。

A. 2003 年　　B. 2004 年　　C. 2005 年　　D. 2006 年

（答案 B）

5. 按海关有关规定，与进出口活动直接有关的企业、单位应当自进出口货物放行之日起____年内保管好进出口单证、合同及有关资料。

A. 1　　B. 2　　C. 3　　D. 5

（答案 C）

6. 确属误卸或者溢卸的进境货物，经海关审定，该运输工具卸货之日起 3 个月内可办理退运或者出口手续；必要时，经海关批准，可以延期____个月。

A. 1　　B. 2　　C. 3　　D. 6

（答案 C）

7. 海关应当自受理退税申请之日起____日内查实并通知纳税义务人办理退还手续。纳税义务人应当自收到通知之日起 3 个月内办理有关退税手续。

A. 10　　B. 15　　C. 20　　D. 30

（答案 D）

8.《中华人民共和国海关关于报关员资格考试及资格证书管理办法》自 2006 年 1 月 1 日起实行，____年 3 月 18 日发布的《中华人民共和国海关关于报关员资格考试的管理规定》同时废止。

A. 2002　　B. 2003　　C. 2004　　D. 2005

（答案 B）

9. 为了促进、引导企业守法自律，____年 4 月，海关总署、外经贸部、国家经贸委联合下发了《中华人民共和国海关对企业实施分类管理办法》，并于同年 6 月 1 日起实施。

A. 1997　　B. 1998　　C. 1999　　D. 2000

（答案 C）

10.《中华人民共和国海关对报关单位注册登记管理规定》第 38 条要求：中华人民共和国海关报关企业报关注册登记证书有效期限为____年，中华人民共和国海关进出口货物收发货人报关注册登记证书有效期为____年。

A. 1；1　　B. 2；2　　C. 2；3　　D. 3；4

（答案 C）

11.《中华人民共和国海关对报关单位注册登记管理规定》第 43 条要求：临时注册登记单位海关不予核发注册登记证书，仅出具临时报关单位注册登记证明。临时注册登记证明有效期最长为____日，法律、行政法规、海关规章另有规定的除外。

A. 7　　B. 10　　C. 15　　D. 30

（答案 A）

12.《中华人民共和国进出口货物申报管理规定》第 16 条要求：在进出口货物的品名规格、数量等已确定无误的情况下，经批准的企业可以在进口货物运抵港前或出口货物运入海关监管场所前____日内，提前向海关办理报关手续。

A. 3　　B. 7　　C. 15　　D. 20

（答案 A）

13.《中华人民共和国海关对报关员记分考核管理办法》第 9 条要求：报关员自接到海关“现场交单”或者“放行交单”通知之____日内，没有正当理由，未按照规定持打印出的纸质报关单并备齐规定的随附单证，到货物所在地海关递交书面单证并办理相关海关手续，导致海关撤销报关单的记 5 分。

A. 3　　B. 5　　C. 9　　D. 10

（答案 D）

14.《中华人民共和国海关稽查条例》第 21 条规定：海关稽查组实施稽查后，应当向海关提出稽查报告。稽查报告报送海关前，应当征求被稽查人的意见。被稽查人应当自收到稽查报告之日起____日内，将其书面意见送交海关。

A. 3　　B. 5　　C. 7　　D. 10

（答案 C）

15.《中华人民共和国知识产权海关保护条例》第 16 条规定：海关发现进出口货物有侵犯备案知识产权嫌疑的，应当立即书面通知知识产权权利人。知识产权权利人自通知送达之日起____个工作日内依照本条款第 13 条的规定提出申请。

A. 3　　B. 5　　C. 7　　D. 9

（答案 A）

综上所述，应试报关员资格者，必须全部掌握报关工作中的“时限”问题，如各种法规文件是何时实施与废止的，不同的情事应在什么时间上报、什么时间下达。有些时间的规定、限制具有法定效力，如果没有深刻记忆，这方面的考题就容易失分。

要想准确记忆这些数字，其一是注意理解这些数字的含义；其二是通过不同数字的对比而达到记忆的目的。如海关发现多征税款的，应当立即通知纳税义务人办理退还手续。纳税义务人发现多缴税款的，自缴纳税款之日起 1 年内，可以以书面形式要求海关退还多缴的税款并加算银行同期活期存款利息。海关应当自受理退税申请之日起 30 日内查实并通知纳税义务人办理退还手续。通过两个时限（1 年和 30 日）的比较足以说明，海关给予企业退税的时间较长，而海关执行退税的时间较短，它充分体现了海关把关服务的宗旨。

第七篇　关于“税费计算”要点提示、考题总汇、预考题目揭秘

海关的四大任务之一是计征关税。关税是国家财政收入的重要来源，也是国家宏观经济调控的重要工具。

作为一个报关员，依法缴纳本企业（单位）进出口货物、物品税费是纳税义务的基本内容。各种税（费）的计算要准确无误，这是每个报关员必备的报关技能。

一、“税费计算”要点提示

△进出口税费的计征

进出口税费是国家财政收入的重要组成部分，包括：关税、进出口环节增值税、进出口环节消费税、船舶吨税，还有由税产生的滞纳金和滞报金。

依法征税是海关的任务；按规纳税是纳税人的义务。

海关征收税费的法律依据是：《海关法》、《关税条例》以及其他有关法律、行政法规。

△关税

关税就是由海关代表国家对进出境的货物和物品征收的税额。

关税的征税主体是国家，由海关代表国家向纳税义务人征收。

关税的征收对象是进出关境的货物和物品。纳税义务人是进出口货物收发货人。

关税分为：进口关税、进口附加税、出口关税。

△进口关税（对进境的货物、物品征收的关税）

我国对绝大多数的进口商品征收进口关税。按计税标准不同，主要分为：从价税、从量税、复合税。自 2006 年 1 月 1 日起，对配额外进口一定数量的棉花实行 5% ~40% 的滑准税。

从价税以货物的价格作为计税标准，包括我国在内的大多数国家使用从价

税。从量税以货物的计量单位如重量、数量、容量等作为计税标准，我国目前对冻鸡、原油、啤酒、胶卷等类进口商品按量计税。还有就是某些进口的商品同时适用从价税及从量税，因而对其计征复合税。2006 年我国对录像机、放像机、摄像机、非家用型摄录一体机、部分数字照相机等进口商品征收复合关税。

（1）在计征税中运用最多的是从价税，它的计算公式是：从价税应纳税额 = 进口货物完税价格 × 进口关税税率（进口货物完税价格一般来说就是 CIF 价格）

CIF =（FOB + 运费）/（1 - 保险费率）

CIF = CFR /（1 - 保险费率）

（2）从量税计算公式：应纳税额 = 进口货物数量 × 单位税额

（3）复合税计算公式：应纳税额 = 从价部分税额 + 从量部分税额

滑准税简单地说就是把进口商品按价格分不同的档次，当价格下跌时适用较高税率，当价格上涨时适用较低税率，目的是保持商品国内市场价格的稳定。2006 年我国对关税配额外进口一定数量的棉花，实行 5% ~ 40% 的滑准税。10 746 元/吨是进口棉花的完税价格平衡点，当完税价格 ≥ 10 746 元/吨时，进口暂定税率为 5%；当完税价格 < 10 746 元/吨时，税率按下列公式计算。

（4）滑准税的计算公式：

$$R_i = \frac{INT\left[\left(\dfrac{P_t}{P_i \times E} - 1\right) \times 1\ 000 + 0.5\right]}{1\ 000} (R_i \leqslant 40\%)$$

关税 $= R_i \times P_i \times E$

其中：R_i—— 暂定关税税率，当 R_i 按上式计算值高于 40% 时，取值 40%

E—— 美元汇率

P_i—— 关税完税价格（美元）

P_t—— 常数，为 11 283

INT—— 取整函数（即小数点后面的数一律舍去）

税费计征的几个注意事项：①完税价格、税额采用四舍五入法计算至分；②税费的起征点为人民币 50 元；③外币需折合为人民币，计征汇率为上一个月的第三个星期三（如为法定节假日，则顺延至第四个星期三）中国银行的外汇折算价，简称"中行折算价"。

△进口附加税

进口附加税是指由于特定原因要对进口货物临时征收的关税。进口附加税包括反倾销税、反补贴税和特别关税（又称为报复性关税）。

（1）进口附加税的征收，不是由海关总署，也不是由外经贸委决定的，它由国务院税则委员会决定并公布。

（2）进口附加税不能随意征收，只有符合世界贸易组织反倾销、反补贴条例规定的，才能被允许。

① 反倾销，就是外国进口商品以低于市场价来侵占我国市场，对我国企业造成影响的，海关对这种进口商品征收反倾销关税；

② 反补贴，就是进口商品的生产或制造有出口国（地区）补贴，以低于市场价进入我国市场的，海关对这种进口商品征收反补贴税。

△出口关税

对出境的货物、物品征收的关税。相对于进口关税，出口关税在海关税收中所占的比重非常少，但也不是说不重要，因为出口关税是海关为防止本国一些重要的自然资源及原材料的无序出口而采取的征收措施。

出口关税的计算公式是：

出口税额 = 完税价格 × 关税税率

出口货物完税价格 = FOB/（1 + 出口关税税率）

完税价格 = FOB 价格 − 出口税额

所以，若出口货物是以 FOB 价格成交的，应扣除出口关税后作为完税价格；不是以 FOB 价格成交的，计算出口税额时，首先要换算成 FOB 价格。

△进口环节增值税

增值税是以商品的生产、流通和劳务服务各个环节所创造的新增价值为课税对象的一种流转税。就海关来说，对进口货物征收的是进口环节的增值税，其他环节增值税由国内税务部门征收。进口环节增值税的税率一般是 17%，对某些特殊的进口货物，采取 13% 的税率来征收进口增值税。例如：①粮食、食用植物油；②自来水、暖气、冷气、热水、煤气、液化气、天然气、沼气、居民用煤炭制品；③图书、报纸、杂志；④饲料、化肥、农机、农药、农膜；⑤国务院规定的其他货物。

计算公式：组成计税价格 × 增值税税率

组成计税价格 = 完税价格 + 关税 + 消费税

从计征标准可以看出，进口增值税只适用于从价计征。

△进口环节消费税

进口环节消费税是海关对进口的消费品征收的消费税，它与增值税不同，增值税适用于绝大部分的进口货物，而消费税是在征收了增值税的基础上，选择少数消费品进行再征收，并不是所有的进口商品都需征收消费税。一般来说，这些消费品并不是日常生活的必需品或者不可再生的资源，主要征收范围为：①烟酒、鞭炮、焰火；②珠宝、玉器、化妆护肤品；③小汽车、摩托车、汽车轮胎；④汽油、柴油。

进口环节消费税的计算方法有：

(1) 从价计征

消费税额 = 组成计税价格 × 消费税税率

组成计税价格 =（关税完税价格 + 关税税额）/（1 − 消费税税率）

(2) 从量计征

消费税额 = 消费品数量 × 消费税单位税额

(3) 复合计征

消费税额 = 从价部分税 + 从量部分税

△船舶吨税

船舶吨税是海关对进出、停靠我国港口的国际航行船舶代征的一种使用税。按照征收范围，可以概括为凡“涉外”船舶进出、停靠我国港口的，均需缴纳船舶吨税。税率分为优惠、普通税率两种。港澳船舶适用优惠税率。对在港澳已征船舶吨税的外国籍船舶进入内地港口，仍照章征收船舶吨税。船舶同时持有大小两种吨位证书时，按我国现行规定，一律按大吨位计征吨税。船舶吨税征收期限有 90 天和 30 天两种。

船舶吨税的计算公式：

应纳船舶吨税税额 = 注册净吨位 × 船舶吨税税率

△滞纳金

滞纳金的时间期限是考试重点。海关规定自填发税款缴纳书之日起 15 天内（如到期日为法定节假日，则顺延至第一个工作日）要缴纳进口税款，逾期按日加收滞纳税款 0.5‰ 的滞纳金。

滞纳金的计算公式：

滞纳金 = 滞纳税款 × 0.5‰ × 滞纳天数

△滞报金

滞报金的时间期限也是常考内容。海关规定进口货物收货人应自装载该货物的运输工具申报进境之日起 14 日内，向海关申报。逾期申报的，由海关对逾期天数按日征收进口货物完税价格 0.5‰ 的滞报金。

滞报金的计算公式：

滞报金 = 完税价格 ×0.5‰ ×滞报天数

△进口货物完税价格的审定

进口货物的完税价格即 CIF 价格，CIF 价格 = 成交价 + 货物运抵后起卸前的运保费。进口货物的完税价格有六种估价方法，它们的使用次序为：成交价格方法、相同货物成交价格方法、类似货物成交价格方法、倒扣价格方法、计算价格方法。

1. 成交价格方法

成交价格简单地说是买卖价格，是买方把商品买回来要支付的实际价格。成交价格必须满足以下四个条件，否则海关将不采取成交价格方法来估定进口货物的完税价格：①买方对进口货物的处置、使用不受限制；②不应因搭售、互售导致货物价格无法确定；③买方不得向卖方返还货物进口后使用获得的收益；④买卖双方无特殊关系，就算有，也不影响货物价格。

成交价格不等于完税价格，除了运保费外，还有其他计入因素，主要包括：①买方支付的除购货佣金外的销售佣金、经纪费，货物的容器费、包装费；②协助费用，即为生产进口货物，买方提供给生产方的原材料、零部件、工具模具、耗材和技术研发费；③特许权使用费，如专利权、商标权；④卖方获得的转售收益。只要符合上述条件的，都应该加到完税价格中，这也称为加项。进口货物的完税价格除了计入项目，还有扣减项目。进口货物的价款中单独列明的税收、费用，不计入该货物的完税价格中。扣减项目主要有五项：①基建安装费；②国内段的运保费；③进口关税、进口环节税和其他国内税；④为在境内复制进口货物而支付的费用；⑤境内外技术培训及境外考察费用。

费用项目不计入完税价格的前提条件：必须是能与进口货物的实付或应付价格相区分，并在发票或合同中是单独列明的费用。

2. 相同或类似货物成交价格方法

对不存在买卖关系的进口货物以及不符合成交价格条件的进口货物，海关就要使用这种被估货物的相同或类似货物的成交价格来估定其完税价格。

运用相同或类似成交价格方法，要注意五个要素：①须与进口货物相同或类似；②须与进口货物在同一国家或地区生产；③须与进口货物同时或大约同时（进口货物进口前后各45天）进口；④参照物的商业水平（商品的批发、零售、最终使用情况）和进口数量与进口货物大致相同；⑤存在多种价格时，取最低价。

3．倒扣价格方法

倒扣价格方法是以进口货物、相同或类似进口货物在境内的销售价格为基础，扣除一定费用后来估定完税价格的估价方法。要估定它进口时的完税价格，应该扣减的费用有：货物进口的税费、国内税、抵达境内输入地点后发生的运保费、加工增值额、销售利润和费用。

适用倒扣价格方法的货物应符合下列条件：①按进口时的状态，在境内第一环节销售；②与被估货物同时或大约同时（进口货物进口前后各45天）进口，也可延至被估货物进口后90天内；③按照该价格销售的货物合计销售总量最大。

4．计算价格方法

这里所说的计算价格，既不是货物成交价格，也不是货物在国内转售后的价格，它指的是进口货物的原材料、加工费、利润和费用、运抵后起卸前的运保费等生产成本的价格。由于这些成本的资料是由国外生产商所提供的，所以海关对计算价格方法使用率最低。

5．合理方法

合理方法是指当海关不能根据前面五种估价方法确定完税价格时，根据公平、统一、客观的估价原则，以客观量化的数据资料为基础确定进口货物完税价格的估价方法。合理方法估价时，禁止使用的六种价格包括：①国内生产的商品在国内的市场价格；②从高估价；③出口地市场价格；④使用与进口货物无关的生产成本价格；⑤第三国货物的市场销售价格；⑥武断、虚构的价格。

△特殊进口货物完税价格的审定

（1）加工贸易进口料件和制成品的完税价格：①进口时需征税的进料加工的进口料件，以该料件申报进口时的价格确定；②内销的进料加工进口料件或制成品，以料件原进口时的价格估定；③内销来料加工进口料件或制成品，以进口料件申报内销时的价格确定；④出口加工区内加工企业内销的制成品，以制成品申报内销时的价格估定；⑤保税区内的加工企业内销的料件及其制成品，分别以料件或制成品申报内销时的价格估定，如果制成品含有从境内采购的料件，则以所含从境外购入的料件原进口时的价格估定；⑥加工贸易的边角料，以申报内销时的价格估定。

（2）从保税区、出口加工区销往区外，以及从保税仓库出库内销的非加工贸易的进口货物，以出区、出库内销的价格作为完税价格。

（3）出境修理的货物，以境外修理费、料件费估定完税价格。

（4）运往境外加工的货物，以境外加工费、料件费及复运进境的运保费估定完税价格。

（5）暂时进口货物不复运出境，按一般货物规定估价。

（6）租赁进口货物：①以租金作为完税价格；②留购租赁货物以留购价格作为完税价格；③承租人一次性缴纳税款的按一般货物估价或将租金总额作为完税价格。

（7）留购的进口货样、展览品、广告品以留购价格作为完税价格。

（8）特定减免货物转让、内销，以原进口时的价格扣除折旧部分，作为完税价格。

计算公式：货物进口时的价格×［1－（征补税时已实际使用月数/监管期限）］

（9）易货、寄售、赠送、捐赠货物，按一般货物估价。

△进口货物完税价格中的运输及其相关费用、保险费的计算

进口货物的运保费，按照实际支付的费用计算，其中保险费无法确定或未实际发生的，海关按照“货价＋运费”的总额的3‰计算运保费。邮运进口的货物，以邮费作为计算运输及其相关费用、保险费的基础。以境外边境口岸价格条件成交的铁路或者公路运输进口货物，海关应当按照境外边境口岸价格的1%计算运输及其相关费用、保险费。

△出口货物完税价格的审定

出口货物的完税价格是由海关根据该货物的成交价格以及该货物运至输出地点装载前的运保费为基础来审查确定。出口货物完税价格的不计入项有：①出口关税；②物价中单独列明的货物运抵输出地点装载后的运保费；③物价中单独列明的由卖方承担的佣金。

出口货物完税价格的估价方法有：成交价格方法、相同或类似货物成交价格方法、计算价格方法、合理方法。

△海关估价中质疑程序及价格磋商

海关对纳税义务人申报的进出口货物价格有怀疑时，可提出价格质疑，进出口货物收发货人在收到有关书面通知的5天内向海关补充申报，到期后还未

能说明理由的，可以申请延期，但除特殊情况外，延期不得超过10个工作日，否则视为放弃。这就是价格质疑程序，另外，海关也可以不经质疑，直接要求进出口货物收发货人进行价格磋商，共同商定一个合理的、双方接受的价格。纳税义务人应尽配合义务。

△原产地规则

进口货物原产地，也称为货物的“国籍”，鉴别进口货物国籍的标准，我们叫做原产地规则。原产地规则分为两类：①优惠原产地规则；②非优惠原产地规则。我国根据进口货物原产地的不同，在关税制度中实行差别的关税和不同的贸易措施。

1. 原产地认定标准

在认定货物原产地时，可能出现两种情况：一是货物只由一个国家（地区）生产制造；二是货物由两个及以上国家（地区）生产制造。原产地认定标准分为：①优惠原产地认定标准；②非优惠原产地认定标准。

优惠原产地认定标准主要有：①完全获得标准。②增值标准。主要有以下两个条件:货物最后加工工序在受惠国完成。对非受惠国的原材料、零部件占进口货物FOB价比例有如下规定:《亚太贸易协定》成员国增值 $<50\%$,孟加拉国 $<60\%$;《框架协议》项下“自由贸易区”的成员国,本国成分 $>40\%$,他国成分 $<60\%$ ；CEPA项下的港澳产品的增值标准为30%。③直接运输标准：直接运输标准是指货物未经非受惠国关境而直接运抵我国关境，或虽经过非受惠国，是由于地理的原因、运输的需要，未在非受惠国使用、消费、交易，仅为保持货物良好状态进行简单处理（要提交过境海关签发的证明）。CEPA香港项下的进口货物应当从香港直接运输至内地口岸；CEPA澳门项下的进口货物不能从香港以外的地区或者国家转运。

非优惠原产地认定标准主要有：①完全获得标准。②实质性改变的确定标准。它指在两个或两个以上国家（地区）生产的货物，除了法定允许的增值部分外，如果产生实质性改变的，以最后完成实质性变化的国家（地区）为原产地。这也是判别进口货物非优惠原产地的一个重要标准，称为“实质性改变标准”。

2. 优惠原产地的进口货物的申报要求

①（都需要）提交进口货物所需单证；②提交受惠国指定机构签发的原产地证书；③途经非受惠国的，须提交过境国出具的未再加工证明文件，并附上联运提单和发票；④香港进口的货物，提交香港海关的查验报告，内地海关可不再查验，称为“绿色通关制度”。

3. 原产地证书

优惠原产地规则项下的原产地证书称为优惠原产地证书。海关对优惠原产地证书的规定，基本上可以概括为：①一批进口货物，一份原产地证书；“一证一货”，不可多次使用。②进口货物途经非受惠国，要求开具过境国（地区）海关的未再加工证明。③进口货物，如果不能提供原产地证书，海关先确定原产地征税原则并据以确定税率，收货人在 90 天内补交证书，海关退还多征税款。④海关怀疑原产地证书的真实性时，可先征收保证金放行货物，待核查清楚后，再进行相应处理。

对于《框架协议》项下东盟国家的进口货物原产地证书，除了上述的规定外，还有它的特殊性，它是有时限的，有效期是 4 个月，转运的可延至 6 个月。进口货物 FOB 价不足 200 美元的无须提交原产地证书，但要有出口人开具的该货物原产地声明。

收货人可以自货物装运之日起一年内补交该货物的原产地证书，要求海关退还多征税款。

△税率适用

1. 税率适用原则

我国海关将进口货物的税率大体划分为 5 种：最惠国税率、协定税率、特惠税率、普通税率和关税配额税率。2006 年，我国的进口关税总水平约为 9.9%。“从低计征”是税率适用的原则。一般说来，税率从低到高的次序为：特惠——协定——最惠国——普通税率。此外，还有一个暂定税率（一定期限内的）。

原产于共同适用最惠国待遇条款的世界贸易组织成员的进口货物，原产于与我国签订含有相互给予最惠国待遇条款的双边贸易协定的国家或地区的进口货物，以及原产于我国境内的进口货物适用最惠国税率。

原产于与我国签订含有关税优惠条款（特殊关税优惠条款）的国家或地区的进口货物，适用协定（特惠）税率。

原产于上述以外国家或地区的进口货物，以及原产地不明的进口货物，适用普通税率。

按普通税率征税的进口货物，不适用暂定税率；不能确定原产地的进口货物，统一按普通税率征税。

适用最惠国税率的进口货物，有暂定税率的，适用暂定税率。

同时适用特惠或协定税率与暂定税率的，则应按较低的税率来决定该货物的计税税率。

出口货物有暂定税率的，应当适用暂定税率。

2. 税率适用的时间

《关税条例》规定，进出口货物应当适用海关接受该货物申报进口或者出口之日实施的税率。

在实际运用时应区分以下不同情况：

（1）进口货物到达前，经海关核准先行申报的，应当适用装载该货物的运输工具申报进境之日实施的税率。

（2）进口转关运输货物，应当适用指运地海关接受该货物申报进口之日实施的税率；货物运抵指运地前，经海关核准先行申报的，应当适用装载该货物的运输工具抵达指运地之日实施的税率。

（3）出口转关运输货物，应当适用启运地海关接受该货物申报出口之日实施的税率。

（4）经海关批准，实行集中申报的进出口货物，应当适用每次货物进出口时海关接受该货物申报之日实施的税率。

（5）因超过规定期限未申报而由海关依法变卖的进口货物，其税款计征应当适用装载该货物的运输工具申报进境之日实施的税率。

（6）因纳税义务人违反规定需要追征税款的进出口货物，应当适用违反规定的行为发生之日实施的税率；行为发生之日不能确定的，适用海关发现该行为之日实施的税率。

（7）因纳税人违反规定需追征税款的，应适用该行为发生之日实施的税率；行为发生之日不能确定的，适用海关发现该行为之日实施的税率。

△进出口税费的减免

《海关法》规定了3种税收减免：法定减免税、特定减免税、临时减免税。

1. 法定减免

（1）关税税额在人民币50元以下的一票货物；

（2）无商业价值的广告品和货样；

（3）外国政府、国际组织无偿赠送的物资；

（4）在海关放行前遭受损坏或者损失的货物；

（5）进出境运输工具装载的途中必需的燃料、物料和饮食用品；

（6）中华人民共和国缔结或者参加的国际条约规定减征、免征关税的货物、物品；

（7）法律规定减征、免征关税的其他货物、物品。

海关对法定减免税货物一般不进行后续管理。

2．特定减免

（1）特定项目减免，国家鼓励发展的外商投资项目、外商投资企业、国内投资项目和贷款项目进口的自用物资及其技术、配备件，可以免征进口关税和进口环节增值税（国内投资项目目录列明不予免税的进口商品除外）。

（2）特定地区减免，比如保税区、出口加工区、中西部地区进口的自用物资，可以免税。

（3）特定用途减免，比如不以营利为目的的科教用品、残疾人专用品、救灾捐赠物资和扶贫慈善物资，可以免征关税和进口环节增值税。

海关对特定减免税须进行后续管理。

3．临时减免，是由国务院决定的，在某个时期对某批货物给予的优惠措施。它的形式是：一案一批专文下达。

△缴纳税费

1．缴纳方式

以纳税义务人在货物进出口地缴纳为主，以纳税义务人所在地（属地）缴纳为辅。具体缴纳方式有两种：①持缴款书向指定银行办理；②通过指定银行办理“网上支付”。

2．缴纳凭证

“海关专用缴款书”、“海关行政事业收费专用票据”。

△税款退还

1．退税范围

以下情况，经海关核准可办理退税：A. 因海关误征，致使纳税人多缴税款的；B. 出口未装运货物，申请退关，经海关查验属实；C. 进口货物征税后，补交减免税证明的；D. 海关核准免验进口的货物，纳税人按申报内容完税后发现短卸，经海关审查认可的。

2．退税的期限及要求

海关发现多征税的，应立即书面通知纳税义务人办理退税，纳税义务人在收到通知后的3个月内办理。

△追征和补征税

1．追征和补征税的范围

（1）进出口货物放行后，海关发现少征或者漏征税款的；

（2）因纳税人违反规定造成少征或漏征税款的；

（3）海关监管货物在海关监管期内因故改变用途，按照规定需要补征税款的。

2．追征、补征税的期限及要求

（1）因海关原因造成的，应在货物放行之日起 1 年内，要求纳税义务人补缴税款；

（2）因纳税人原因造成的，海关可在货物放行之日起 3 年内，要求纳税义务人补缴税款，并按货物放行之日至海关发现之日来计算滞纳天数并征收滞纳金。这里的缴税期限还是 15 天。如果纳税义务人未在规定的 15 天内缴纳税款，还要另行加收滞纳金。

△强制执行

根据《海关法》的规定，纳税人超过 3 个月未缴纳税款的，海关可依法采取强制扣缴和变价抵扣的措施来扣缴相关费用及税费。

△延期纳税

纳税义务人因不可抗力或国家税收政策调整不能按期纳税的，经海关批准，可延期缴纳，但最长期限不得超过货物放行之日起的 6 个月。

二、“税费计算”考题总汇

1．某公司进口了一批台湾产摩托车零件，成交价格为 CIF HKD150 000，其中折扣为 10%，并经海关审查正常，该批货物的完税价格为：

A．HKD15 000　　B．HKD165 000

C．HKD135 000　　D．HKD15 000

（答案 C）　　（2001 年考卷单项选择题）

2．在国际贸易中，适用不同的价格条件成交的情况下，货物的灭失和损坏的风险转移的地点不同，在下列价格术语中，货物以装运港船舷为风险转移界限的价格术语是：

A．FOB　　B．CIF

C．CFR　　D．DES

（答案 ABC）　　（2001 年考卷多项选择题）

3．在确定进口货物的完税价格时，下列哪一项费用或价值不应计入：

A．买方负担的除购货佣金以外的佣金和经纪费

B．作为销售条件，由买方直接或间接支付的特许使用费

C. 厂房、机械等货物进口后的基建、安装费用

D. 卖方直接或间接从买方转售、处置或使用货物中获得的收益

（答案 C）（2002 年考卷单项选择题）

4. 某公司出口一批商品，原报价 CFR3% 曼谷每吨 6 600 美元，外商要求改报 CFRC5% 曼谷，在 FOB 净收入不减少的条件下，该公司报价应为：

A. 每吨 6 722.1 美元　B. 每吨 6 738.9 美元；

C. 每吨 6 732 美元　D. 每吨 6 745 美元

（答案 B）（2002 年考卷单项选择题）

5. 关于特殊贸易方式进口货物的完税价格审定原则，下列表述中正确的是：

A. 内销的进料加工进口料件或其制成品，以料件申报内销时的价格估定

B. 加工贸易过程中产生的边角余料，以申报内销时的价格估定

C. 减免税进口货物需补税时，应当以海关审定的该货物原进口时的价格，扣除折旧部分价值作为完税价格

D. 以租金方式对外租赁的进口货物，在租赁期间，以海关审定的租金作为完税价格

（答案 BCD）（2002 年考卷多项选择题）

6. 以下不属于进出口税费缴纳、退补凭证的是：

A. 海关专用缴款书

B. 收入退还书

C. 海关行政事业收费专用票据

D. 全国税务统一专用发票

（答案 D）（2003 年单项选择题）

7. 对应征进口环节增值税的货物，其进口环节增值税组成计税价格包括：

A. 进口货物完税价格　B. 进口货物关税税额

C. 进口环节消费税税额　D. 进口环节增值税税额

（答案 ABC）（2003 年考卷多项选择题）

8. 下列关于我国增值税和消费税的表述正确的是：

A. 进口环节的增值税、消费税由海关征收，其他环节的增值税、消费税由税务机关征收

B. 增值税、消费税均从价计征

C. 对于进口货物税、费的计算，一般的计算过程为：先计算进口关税额，再计算消费税额，最后计算增值税额

D. 消费税组成计税价格 =（关税完税价格 + 关税税额）/（1 − 消费

税率）

（答案 ACD）　　　　　　　　　　　　　　　　　（2003 年考卷多项选择题）

9．对于非收发货人或其代理人原因造成少征、漏征税款的，海关可自缴纳税款或者货物进口之日起 3 年内予以追征。其判断错误。（2003 年考卷判断题）

应该是自缴纳税款或者货物放行之日起 1 年内予以补征。

10．某出口加工区企业从香港购进台湾产的薄型尼龙布一批，加工成女工服装后，经批准外销，该批服装向海关申报出口时，原产国应申报为：

A．香港　　　　　　　　　　B．台湾

C．中国　　　　　　　　　　D．国别不详

（答案 C）　　　　　　　　　　　　　　　　　（2004 年试卷单项选择题）

11．海关于 2004 年 7 月 9 日（星期五）填发税款缴款书，纳税义务人最迟应于哪一天缴纳税款，才可避免滞纳。

A．7 月 23 日　　　　　　　　B．7 月 24 日

C．7 月 25 日　　　　　　　　D．7 月 26 日

（答案 D）　　　　　　　　　　　　　　　　　（2004 年考卷单项选择题）

12．某公司进口一批货物，货价为 FOB 纽约 1 800 美元，运费为 200 美元，保险费率为 3‰，已知外汇折算率为 1 美元 = 8.2 元人民币，关税税率为 10%，则该批货物的关税税额为人民币：

A．1 640 元　　　　　　　　B．1 644.90 元

C．1 480.40 元　　　　　　D．1 315.90 元

（答案 B）　　　　　　　　　　　　　　　　　（2004 年考卷单项选择题）

13．我某公司对外报某商品每箱 USD200FOB 上海，外商要求改报 CIFC3 西雅图，则计算时应使用下列哪个公式（设每箱运费 5 美元，保险加成率 10%，保险费率 1%）：

A．CIFC3 = 200/（1 − 1.1 × 1% − 3%）

B．CIFC3 = 205/（1 − 1.1 × 1% − 3%）

C．CIFC3 = 205/（1 − 1.1 × 1%）

D．CIFC3 = 200/（1 − 1.1 × 1%）

（答案 B）　　　　　　　　　　　　　　　　　（2004 年考卷单项选择题）

14．进口时在货物的价款中列明的下列税收、费用，不计入该货物关税完税价格的有：

A．厂房、机械、设备等货物进口后进行的基建、安装、装配、维修和技术服务的费用

B．进口货物运抵境内输入地点起卸后的运输及相关费用、保险费

C. 进口关税及国内税收

D. 作为该货物向我国境内销售的条件，买方必须支付的与该货物有关的特许权使用费

（答案 AB） （2004 年考卷多项选择题）

15. 下列关于特殊贸易方式进口货物的完税价格审定的表述错误的是：

A. 内销的来料加工进口料件，以进口料件申报内销时的价格确定

B. 从保税区、出口加工区销往区外的进口货物，均以海关审定的原进入保税区、出口加工区的价格作为完税价格

C. 运往境外加工的货物，以海关审定的该出境货物的境外加工费和料件费作为完税价格

D. 出口加工区内的加工企业内销的制成品按申报内销时的价格确定

（答案 BC） （2004 年考卷多项选择题）

16. 适用优惠原产地规则的原产地证书，凡是受惠国政府指定机构签发的，即可适用于多批进口货物，并多次使用。其判断错误。（2004 年考卷判断题）

17. 反补贴、反倾销和保障措施都属于贸易救济措施。反补贴、反倾销措施针对的是进口产品激增的情况，保障措施针对的则是价格歧视这种不公平贸易行为。其判断错误。（2004 年考卷判断题）

刚好相反，保障措施针对的是进口产品激增的情况，反补贴、反倾销措施针对的则是价格歧视这种不公平贸易行为。

18. 关于暂定税率适用的原则，下列表述错误的是：

A. 适用最惠国税率的进口货物同时有暂定税率的，应当适用暂定税率

B. 适用协定税率、特惠税率的进口货物有暂定税率的，应当从低适用税率

C. 适用普通税率的进口货物，不适用暂定税率

D. 适用出口税率的出口货物有暂定税率的，不适用暂定税率

（答案 D） （2005 年考卷单项选择题）

19. 某公司从德国进口一套机械设备，发票列明：设备价款 CIF 天津 USD300 000，设备进口后的安装及技术服务费用 USD10 000，买方佣金 USD 1 000，卖方佣金 1 500。该批货物经海关审定后的成交价格应为：

A. USD311 000　　B. USD301 500

C. USD301 000　　D. USD291 500

（答案 B） （2005 年考卷单项选择题）

20. 因纳税义务人违反规定造成少征或漏征税款的，海关可以在规定期限

内追征税款并从缴纳税款或者货物放行之日起至海关发现违规行为之日止按日加收少征或漏征税款的滞纳金。其规定期限和滞纳金的征收标准分别为：

A. 1年；0.5‰　　B. 3年；0.5‰

C. 1年；1‰　　D. 3年；1‰

（答案B）　（2005年考卷单项选择题）

21. 下列哪些情况下海关可以拒绝接受申报价格而另行估价：

A. 买方对进口货物的处置受到了卖方的限制，具体表现在买方必须将进口货物转售给卖方指定的第三方

B. 买卖双方达成的销售价格是以买方同时向卖方购买一定数量的其他货物为前提

C. 进口方在国内销售进口货物所产生的收益中有一部分返还给出口方，然后这一部分收益的具体金额尚不能被确定

D. 进口方和出口方是母子公司，但上述关系并未对成交价格产生影响

（答案ABC）　（2005年考卷多项选择题）

22. 关于税率适用时间，下列表述正确的是：

A. 减免税货物经批准转让或者移作他用的，应当适用海关批准之日实施的税率征税

B. 因纳税义务人违反规定需要追征税款的，应当适用海关发现该行为之日实施的税率

C. 租赁进口货物分期缴纳税款的，应当适用海关接受申报办理纳税手续之日实施的税率

D. 进口货物到达前，经海关核准先行申报的，应当适用装载货物的运输工具申报进境之日实施的税率

（答案CD）　（2005年考卷多项选择题）

23. 关于进出口税率的计算，下列表述正确的是：

A. 税款的起征点为人民币50元

B. 完税价格计算至元，元以下四舍五入

C. 税额计算至分，分以下四舍五入

D. 进出口货物的成交价格及有关费用以外币计价的，海关应当按照填发税款缴款书之日公布的汇率中间价折合成人民币

（答案AC）　（2005年考卷多项选择题）

24. 关税纳税义务人或其代理人应当自海关填发税款缴款书之日起15个工作日内向指定银行缴纳税款。其判断错误。（2005年考卷判断题）

25. 保税加工货物内销，海关按规定免征缓税利息的是：

A. 副产品　　B. 残次品
C. 边角料　　D. 因不可抗力受灾的保税货物
（答案 C）　　（2006 年考卷单项选择题）

26. 某家企业从法国进口一台模具加工机床，发票分别列明：设备价款 CIF 上海 USD600 000，机床进口后的安装调试费为 USD20 000，卖方佣金 USD2 000，与设备配套使用的操作系统使用费 USD80 000。该批货物经海关审定的成交价格应为：

A. USD702 000　　B. USD682 000
C. USD680 000　　D. USD662 000
（答案 B）　　（2006 年考卷单项选择题）

27. 某公司从香港购买一批日本产富士彩色胶卷 8 000 卷（宽度 35mm，长度 2m），成交价格为 CIF 上海 HKD12/卷。设外汇折算价为 1 港元 = 1.2 元人民币，以上规格胶卷 0.05 平方米/卷。该批商品的最惠国税率为 30 元人民币/平方米，计算应征进口关税税额为：

A. 115 200 元　　B. 34 560 元
C. 16 800 元　　D. 12 000 元
（答案 D）　　（2006 年考卷单项选择题）

28. 关于进出口货物税费的计算，下列表述正确的是：

A. 海关按照该货物适用税率之日所适用的计征汇率折合为人民币计算完税价格
B. 关税税额采用四舍五入法计算至人民币“分”
C. 完税价格采用四舍五入法计算至人民币“分”
D. 滞纳金的起征点为人民币 50 元
（答案 ABD）　　（2006 年考卷多项选择题）

29. 关于税率适用原则，下列表述正确的是：

A. 进口货物应当适用纳税义务人申报该货物进口之日实施的税率
B. 进口货物到达前，经海关核准先行申报的，应当适用装载该货物的运输工具申报进境之日实施的税率
C. 进口转关运输货物，应当适用指运地海关接受该货物申报进口之日实施的税率
D. 保税货物经批准不复运出境的，应当适用海关接受纳税义务人再次填写报关单申报办理纳税及有关手续之日实施的税率
（答案 ABCD）　　（2006 年考卷多项选择题）

30. 暂准进出境货物在海关申报进出境时，暂不缴纳进出口税费，但收发

货人须向海关提供担保。其判断正确。(2006 年考卷判断题)

31. 海关在审定货物的完税价格时，如买卖双方在经营上有相互联系，一方是另一方的独家代理、经销或受让人的，应当视为特殊关系。其判断正确。(2006 年考卷判断题)

32. 海关审定的进口货物的成交价格，是指卖方向中华人民共和国境内销售该货物时买方为进口该货物向卖方实付、应付的价格总额，包括直接交付的价款和间接支付的价款。其判断正确。(2006 年考卷判断题)

33. 已征税放行的散装进出口货物发现短卸、短装的，如果该货物的发货人、承运人或者保险公司已对短装部分退还或者赔偿相应货款，纳税义务人可以向海关申请退还进口或者出口短卸、短装部分的相应税款。其判断正确。(2006 年考卷判断题)

三、“税费计算”预考题目揭秘

1. 某公司进口一台机器，发票列明如下：成交价格 10 万美元，包括货物运抵境内输入地点起卸后的运输及相关费用、保险费 500 美元；包装容器费 200 美元、销售佣金 100 美元，特许权使用费为成交价的 3%，其完税价格为：

A. 103 300　　B. 102 700　　C. 100 100　　D. 103 800

(答案为 D)

2. 国内某进口商在进口货物后，分 7 批销售了 200 个数量单位货物，在使用倒扣价格法时，应按哪个价格倒扣：

A. 90　　B. 100　　C. 95　　D. 105

(答案为 A)

3. 某公司出口货物以 CFR 悉尼价格成交，货物从武汉途经上海运至悉尼，出口的运费为：

A. 扣除武汉至悉尼的运费　　B. 扣除上海至悉尼的运费

C. 扣除武汉至上海的运费　　D. 扣除出口关税

(答案为 B)

4. 在台湾纺成的纱线，运到日本织成棉织物，并进行冲洗、烫、漂白、染色、印花。之后，上述棉织物又被运往越南制成睡衣，后经香港更换包装后，向我国出口。那么该批货物向海关申报进口时，原产国应申报为：

A. 香港　　B. 越南　　C. 日本　　D. 台湾

(答案为 B)

5. 某公司 2005 年从日本进口录像机 10 台，经海关审定其成交价格为 2 500

美元/台，已知进口录像机每台完税价格高于2 000美元时，每台征收4 000元从量税，另加3%的从价税。假定1美元=8.2元人民币，要求计算该批录像机进口时的关税。

（答案为46 150元）

6. 某公司进口一批货物，价格为FOB旧金山10 000美元，运费为100美元，保险费率为3‰，已知外汇折算率为1美元=8.2元人民币，关税税率为10%，增值税税率为17%。该批货物的关税税额及增值税税额是多少？

（答案为8 306.90元和15 533.92元）

7. 某公司2005年进口一批货物，其成交价格为CIF上海10万美元，且经海关审定。已知该货物适用关税税率为10%，增值税税率为17%，消费税税率为10%，假定1美元=8.2元人民币，要求计算进口环节增值税税额。

（答案为170 377.78元）

△具体考题

1. 某公司2006年进口一批收音机500台，经海关审定其成交价格为FOB4 500美元，运费200美元，保险费率为0.3%，该商品进口税率为305%（此税率是出自计算需要而设定，并非国家标准税率），要求计算应纳进口关税：（美元兑人民币汇率为1美元=8.27元人民币）

A. 1 302.53　　B. 1 364.51　　C. 1 355.25　　D. 1 310.63

（答案为B）

2. 某电子公司出口一批手机配件（蓝牙耳机）1 000个到西班牙，经海关审定成交价格为FOB广州0.4美元/个。蓝牙耳机的出口关税税率为5.2%（此税率是出于计算需要而设定，并非国家标准税率），要求计算该批货物应纳的出口关税：（美元兑人民币汇率为1美元=8.27元人民币）

A. 4 472.42　　B. 4 300.85　　C. 5 010.76　　D. 4 725.3

（答案为A）

3. 2006年广州某工艺品公司从美国进口生产原料钛白粉20吨，经海关审定其成交价格为CIF广州80美元/吨，钛白粉的进口关税税率为25%（此税率是出于计算需要而设定，并非国家标准税率），要求计算应纳增值税：（美元兑人民币汇率为1美元=8.27元人民币）

A. 3 260.5　　B. 3 067.42　　C. 3 428.75　　D. 3 367.42

（答案为D）

4. 2006年某公司进口一批货物，应缴纳进口关税4 500元，增值税1 755元，消费税3 828元，海关于2006年9月21日（周四）填发税款缴款书，该公司于2006年10月11日（周三）缴纳税款，要求计算海关应征的滞纳金额：

A. 30.25　　B. 25.21　　C. 27.52　　D. 23.78

（答案为B）

5. 载有从国外购买的进口货物的某公司货轮，于2006年11月6日（周一）向海关申报进境，但该公司于2006年11月30日（周四）才向海关申报进口该批货物。该货物的成交价格为CIF黄埔12 060美元，计算应征的滞报金额是多少：（美元兑人民币汇率为1美元＝8.27元人民币）

A. 475.85　　B. 493.68　　C. 490.36　　D. 498.68

（答案为D）

综上所述，应试报关员资格者，必须掌握大部分税费的计算公式，这样才能正确地进行税费的计算。

从考卷有关税费的计算考题的走向分析，2006年考卷中有关税费的计算题大大增加，请考生引起关注。

应考者首先要把进出口关税、增值税、消费税、滞报金、滞纳金的计算原理、计算公式牢固掌握，需要换算的单位数量要记准，这样才能应对上述计算题。

要把税费计算题解答准确，学习时一定要多做些有代表性的例题，如有关滞纳天数、滞纳金额及进出口关税、增值税等知识点的计算题在考试中一定会涉及。

附：2006年报关员资格全国统一考试（A）卷及参考答案

说明：本试卷所有题目均使用答题卡答题，采用计算机自动阅读答题卡判分，请按要求在答题卡上填涂答案。（满分200分，时限180分钟）

（一）单项选择题　请在下列各题的答案选项中，选出一个正确答案，在答题卡上将与该题相对应答案的英文字母标号框涂黑。（每题1分，共25分）

1. 下列关于报关企业和进出口货物收发货人报关范围的表述，正确的是：

A. 两者均可在关境内各海关报关

B. 两者均只能在注册地海关辖区内各海关报关

C. 报关企业可以在关境内各海关报关；进出口货物收发货人只能在注册地海关辖区内各海关报关

D. 报关企业只能在注册地海关辖区内各海关报关；进出口货物收发货人可以在关境内各海关报关

2. 下列关于报关企业和进出口货物收发货人报关行动规则的表述，正确的是：

A. 进出口货物收发货人在海关办理注册登记后，可以在中华人民共和国关境内各口岸或者海关监管业务集中的地点代理其他单位报关

B. 进出口货物收发货人依法取得注册登记许可后，可以在直属海关关区各口岸或者海关监管业务集中的地点办理本单位的报关业务

C. 报关企业如需要在注册登记许可区域以外从事报关服务的，应当按规定向注册地直属海关备案

D. 报关企业如需要在注册登记许可区域内从事报关服务的，应当依法在关区各口岸设立分支机构，并且在开展报关服务前，按规定向注册地直属海关备案

3. 海关人员审核电子数据报关单时，要求报关员向海关提交货物样品，海关告知后报关员拒不提供，导致海关退回报关单的，海关对该报关员一次记分的分值为：

A. 1分　　B. 2分

C. 5分　　D. 10分

4. 在某项加工贸易活动中，不可视作报关活动相关人的是：

A. 具有报关权，受加工贸易经营企业的委托，开展保税加工业务的企业

B. 没有报关权，在海关办理了保税加工注册登记手续，受加工贸易经营企业的委托，开展保税加工业务的企业

C. 具有报关权，由其经营并自行开展保税加工业务的企业

D. 没有报关权，亦未在海关办理保税加工注册登记手续，受加工贸易经营企业的委托，开展保税加工业务的企业

5. 根据我国缉私体制，不具有查缉走私权力的单位是：

A. 海关　　B. 公安部门

C. 税务部门　　D. 检察部门

6. 实行“非一批一证”管理的出口许可证，其使用次数最多不超过：

A. 3 次　　B. 6 次

C. 8 次　　D. 12 次

7. 下列关于进口废物管理的表述，错误的是：

A. 废物进口许可证实行“一批一证”管理

B. 存入保税仓库的废物必须取得有效废物进口许可证

C. 对未列入《限制进口类可用作原料的废物目录》的废物一律不得进口

D. 向海关申报允许进口的废物，应主动向海关提交废物进口许可证，入境货物通关单及其他有关单据

8. 下列列入自动进口许可管理货物目录的货物，可免交自动进口许可证的是：

A. 参加 F1 上海站比赛进口后须复出口的赛车

B. 加工贸易项下进口并复出口的成品油

C. 外商投资企业作为投资进口的旧机电产品

D. 每批次价值超过 5 000 元人民币的进口货样广告品

9. 下列关于海关征收滞报金的表述，正确的是：

A. 计征起始日为运输工具申报进境之日起第 15 日，截止日为海关接受申报之日（即申报日期），起始日计入滞报期间，但截止日不计入滞报期间

B. 滞报金的日征收金额为进口货物完税价格的 5‰

C. 滞报金计算至人民币“分”

D. 滞报金的起征点为人民币 50 元

10. 关于报关单的修改和撤销，以下表述正确的是：

A. 海关发现进出口货物报关单需要进行修改或者撤销的，海关可以直接进行修改或撤销

B. 海关发现进出口货物报关单需要进行修改或者撤销的，收发货人或其代理人应当提交进出口货物报关单修改/撤销申报表

C. 收发货人或其代理人要求修改或者撤销报关单的，应当提交进出口货物报关单修改/撤销确认书

D. 因修改或者撤销进出口货物报关单导致需要变更、补办进出口许可证件的，进出口货物收发货人或者其代理人应当向海关提交相应的进出口许可证件

11. 保税加工货物内销，海关按规定免征缓税利息的是：

A. 副产品　　B. 残次品

C. 边角料　　D. 不可抗力受灾保税货物

12. 天津某加工贸易经营企业（B类管理企业）进口12 590美元的涤纶长丝，委托河北廊坊某加工企业（A类管理企业）加工袜子后返销出口。该异地加工贸易的银行保证金台账应当：

A. 由经营企业到所在地银行设台账，半实转

B. 由加工企业到所在地银行设台账，空转

C. 由经营企业到加工企业所在地银行设台账，半实转

D. 由加工企业到经营企业所在地银行设台账，空转

13. 北京某外资企业从美国购进大型机器成套设备，分三批运输进口，其中两批从天津进口，另一批从青岛进口。该企业在向海关申请办理该套设备的减免税手续时，下列做法正确的是：

A. 向北京海关分别申领两份征免税证明

B. 向北京海关分别申领三份征免税证明

C. 向天津海关申领一份征免税证明，向青岛海关申领一份征免税证明

D. 向天津海关申领两份征免税证明，向青岛海关申领一份征免税证明

14. 从境外启运，在我国境内设立海关的地点换装运输工具，不通过境内陆路运输，继续运往境外的货物是：

A. 通运货物　　B. 转口货物

C. 过境货物　　D. 转运货物

15. 根据《中华人民共和国进出口关税条例》的规定，下列表述正确的是：

A. 适用最惠国税率的进口货物有暂定税率的，应当适用最惠国税率

B. 适用协定税率的进口货物有暂定税率的，应当从低适用税率

C. 适用特惠税率的进口货物有暂定税率的，应当从高适用税率

D. 适用普通税率的进口货物有暂定税率的，应当适用暂定税率

16. 某家企业从法国进口一台模具加工机床，发票分别列明：设备价款 CIF 上海 USD600 000，机器进口后的安装调试费为 USD20 000，卖方佣金 USD2 000，与设备配套使用的操作系统使用费 USD80 000，该批货物经海关审定的成交价格应为：

A. USD702 000　　B. USD682 000

C. USD680 000　　D. USD662 000

17. 某公司从香港购买一批日本产富士彩色胶卷 8 000 卷（宽度 35mm，长度 2m 之内），成交价格为 CIF 上海 HKD12/卷。设外汇折算价为 1 港元 = 1.2 元人民币，以上规格胶卷 0.05 平方米/卷。该批商品的最惠国税率为 30 元人民币/平方米，计算应征进口关税税额为：

A. 115 200 元　　B. 34 560 元

C. 16 800 元　　D. 12 000 元

18. 海关于 2006 年 4 月 17 日（星期一）填发海关专用缴款书。为避免产生滞纳金，纳税义务人最迟应缴纳税款的日期是：

A. 4 月 30 日　　B. 5 月 2 日

C. 5 月 8 日　　D. 5 月 9 日

19. 对于买卖双方之间存在的特殊关系是否影响进口货物的成交价格，承担举证责任的是：

A. 行业协会　　B. 卖方

C. 纳税义务人　　D. 海关

20. 下列关于商品重量的表述错误的是：

A. 毛重是商品本身的重量加其包装材料的重量

B. 皮重是指商品内外包装材料的重量

C. 净重是指商品本身的实际重量

D. 公量是指用科学方法除去商品中的水分后再加上标准水分所得出的重量

21. 下列选项在对外贸易交易中被称为“折扣”的是：

A. Allowance　　B. Insurance

C. Commission　　D. Freight

22.《2000 年国际贸易术语解释通则》将全部贸易术语分为四组，其中，属于“到达术语”的一组是：

A. E　　B. F

C. C　　　　　　　　　　D. D

23. 下列进出口货物不列入海关统计的是：

A. 退运货物　　　　　　　B. 租赁期1年及以上的租赁进出口货物

C. 保税区进出境货物　　　D. 一般贸易方式进出口货物

24. 下列情形适用缴纳风险担保金的是：

A. 申请延期缴纳税款的

B. 进境修理和出境加工的

C. 加工贸易企业实施联网监管的

D. 涉及知识产权保护的

25. 知识产权权利人接到海关发现知识产权侵权嫌疑货物的书面通知，请求海关扣留侵权嫌疑货物的，经海关同意提供总担保的，总担保金额不得低于人民币：

A. 10万元　　　　　　　B. 15万元

C. 20万元　　　　　　　D. 50万元

（二）多项选择题　请在下列各题的答案选项中，选出两个或两个以上的正确答案，在答题卡上将与该答案相对应的英文字母标号框涂黑。（每题2分，共50分，多选、少选、错选、不选均不得分）

1. 下列属于报关员报关执业禁止行为的，包括：

A. 故意制造海关与报关单位、委托人之间的矛盾和纠纷

B. 同时在两个或两个以上报关单位执业

C. 将报关员证转借或者转让他人，允许他人持本人报关员证执业

D. 涂改报关员证

2. 下列属于海关在监督管理活动中应当行使行政处罚权的有：

A. 未按规定在纸制报关单上加盖报关专用章的

B. 向海关申报进口货物品名不实的

C. 加工贸易企业遗失加工贸易登记手册的

D. 报关员与他人通谋走私，构成走私罪的

3. 海关依法可以注销企业注册登记许可的情况有：

A. 注册登记许可有效期届满的

B. 被工商行政管理部门吊销营业执照的

C. 提供虚假资料，骗取注册登记许可的

D. 报关企业依法终止的

4. 报关企业违反海关监管规定，海关予以警告，责令其改正，并可以处人民币1 000元以上5 000元以下罚款的情形有：

A. 未按照规定向海关办理企业名称变更手续的

B. 启用报关专用章未向海关备案的

C. 所属报关员离职之日起7日内向海关报告，但未办理注销手续的

D. 所属报关员1年内3人次以上被海关暂停执业的

5. 货物、技术进出口许可管理制度是我国进出口许可制度的主体，其管理范围包括：

A. 禁止进出口货物和技术

B. 限制进出口货物和技术

C. 自由进出口的技术

D. 自由进口中部分实行自动许可管理的货物

6. 纺织品出口临时管理的适用范围及报关规范是：

A. 列入输往欧盟、美国纺织品目录的，经营者在出口之前，应到当地发证机构办理相应的纺织品临时出口许可证

B. 对出口到欧盟、美国以外其他国家（地区）的纺织品，无需申领纺织品临时出口许可证

C. 出口服装样品，每批数量超过150件的，可免领纺织品临时出口许可证

D. 纺织品临时出口许可证有效期为6个月，逾期作废

7. 下列对两用物项和技术进出口许可证管理表述正确的是：

A. 两用物项和技术进出口前，进出口经营者应当向发证机关申领两用物项和技术进出口许可证，凭以向海关办理进出口报关手续

B. 两用物项和技术进口许可证实行“非一批一证”制和“一证一关”制

C. 两用物项和技术出口许可证实行“一批一证”制和“一证一关”制

D. 两用物项和技术进出口许可证有效期一般不超过1年，跨年度使用时，在有效期内只能使用到次年3月31日

8. 关于申报期限，以下表述正确的是：

A. 进口货物的申报期限为自装载货物的运输工具进境之日起14日内

B. 出口货物的申报期限为货物运抵海关监管区后、装货前24小时

C. 经海关批准准予集中申报的进口货物，自装载货物的运输工具申报进境之日起一个月内办理申报手续

D. 经电缆、管道或其他特殊方式进出境的货物，进出口货物收发货人或其代理人应当按照海关的规定定期申报

9. 关于申报地点，以下表述正确的是：

A. 进口货物应当在进境地海关申报

B. 出口货物应当在出境地海关申报

C. 保税货物转为一般进口时应当在货物原进境地海关申报

D. 经收货人申请，海关同意，进口货物可以在设有海关的指运地申报

10. 海关可以对已查验货物进行复验，以下属于海关可以复验的情形是：

A. 经初次查验未能查明货物的真实属性，需要对已查验货物的某些性状做进一步确认的

B. 货物涉嫌走私违规，需要重新查验的

C. 进出口货物收发货人对海关查验结论有异议，提出复验要求并经海关同意的

D. 海关查验后，检验检疫部门提出复验要求的

11. 采用纸质手册管理的加工贸易企业向海关申请将剩余料件结转至另一个加工贸易合同生产出口时，如不收取保证金、银行保函或采取其他相应的税收保全措施，应符合下列条件：

A. 同一经营单位　　　　B. 同一加工厂

C. 同样进口料件　　　　D. 同一加工贸易方式

12. 下列关于加工贸易企业联网监管的表述，正确的是：

A. 联网监管目前采用电子账册和电子手册两种方式进行管理

B. 电子账册分为经营范围电子账册和便捷通关电子账册

C. 电子手册管理以企业整体加工贸易业务为单元实施监管

D. 联网企业的加工贸易业务无须由商务主管部门审批

13. 下列关于海关专用监管场所或特殊监管区域保税物流货物存放时间的表述，正确的是：

A. 保税仓库存放保税物流货物的时间是1年，可以申请延长，延长期最长1年

B. 出口监管仓库存放保税物流货物的时间是1年，可以申请延长，延长期最长1年

C. 保税物流中心（A型）存放保税物流货物的时间是1年，可以申请延长，延长期最长1年

D. 保税物流中心（B型）存放保税物流货物的时间是1年，可以申请延长，延长期最长1年

14. 出料加工货物按规定期限复进口，海关审定完税价格时，其价格因素包括：

A. 原出口料件成本价

B. 境外加工费

C. 境外加工的材料费

D. 复运进境的运输及其相关费用、保险费

15. 下列货品进出口时，包装物与所装物品应分别归类的是：

A. 40升专用钢瓶装液化氮气

B. 25公斤桶（塑料桶）装涂料

C. 纸箱包装的彩色电视机

D. 分别进口的照相机和照相机套

16. 关于进出口货物税费的计算，下列表述正确的是：

A. 海关按照该货物适用税率之日所适用的计征汇率折合为人民币计算完税价格

B. 关税税额采用四舍五入法计算至人民币"分"

C. 完税价格采用四舍五入法计算至人民币"元"

D. 滞纳金的起征点为人民币50元

17. 在海关审定完税价格时，纳税义务人应履行的义务包括：

A. 如实提供单证及其他相关资料

B. 如实申报货物买卖中发生的、有关规定所列的价格调整项目

C. 提供根据客观量化标准对需分摊计算的价格调整项目进行分摊的依据

D. 为先行提取货物，依法向海关提供担保

18. 关于税率适用原则，下列表述正确的是：

A. 进口货物应当适用纳税义务人申报该货物进口之日实施的税率

B. 进口货物到达前，经海关核准先行申报的，应当适用装载该货物的运输工具申报进境之日实施的税率

C. 进口转关运输货物，应当适用指运地海关接受该货物申报进口之日实施的税率

D. 保税货物经批准不复运出境的，应当适用海关接受纳税义务人再次填写报关单申报办理纳税及有关手续之日实施的税率

19. 下列不符合优惠原产地认定标准中"完全获得标准"的有：

A. 由该国（地区）船只在公海捕捞的水产品

B. 由该国（地区）在公海开采的矿产品

C. 该国（地区）利用由他国（地区）加工制造过程中产生的废料加工所得的产品

D. 在该国（地区）领土出生和饲养的活动物

20. 对于已缴纳进出口关税的货物，纳税义务人在规定期限内可以申请退还关税的有：

A. 因规格原因原状退货复运进境，并已重新缴纳因出口而退还的国内环节有关税收的

B. 因销售渠道不畅原状退货退运进境，并已重新缴纳因出口而退还的国内环节有关税收的

C. 因品质原因原状退货复运出境的

D. 因故未装运出口申报退关的

21. 下列选项中，属于汇付方式的有：

A. D/P　　　B. M/T

C. T/T　　　D. D/D

22. 某企业申报进境的保税加工料件，经海关批准，在放行前全部退运出境。企业在填制出口货物报关单时，“贸易方式”栏填报错误的有：

A. 来料料件退换　　　B. 进料料件退换

C. 直接退运　　　D. 退运货物

23. 海关稽查的对象也称为被稽查人，包括：

A. 经营保税物流的企业　　　B. 使用减免税货物的企业

C. 报关企业　　　D. 报关员

24. 下列行为中，以走私的共同当事人论处的是：

A. 与走私人通谋为走私人提供海关单证

B. 与走私人通谋为走私人提供邮寄方便

C. 直接向走私人收购走私货物

D. 与走私人通谋为走私人提供贷款

25. 下列情形中，可以向海关申请行政复议的有：

A. 对海关做出的限制人身自由的行政强制措施不服的

B. 认为海关违法收取滞报金的

C. 对海关税则归类有异议的

D. 对海关关于该企业的分类不服的

（三）判断题　请对下列各题做出判断，“√”表示正确，“×”表示不正确，在答题卡上将与该题相对应的选项框涂黑。（每题 1 分，共 25 分，答对 1 题得 1 分，答错 1 题扣 1 分，不答不得分也不扣分）

1. 报关企业、进出口收发货人应对其所属的报关员的报关行为承担相应的法律责任。

2. 报关员注册有效期为 3 年，有效期届满报关员需要继续从事报关业务

的，应当在有效期届满20日前向海关提出延续报关员注册的申请。

3. 进出口货物的报关是指进出口货物收发货人或其代理人在货物进出口时，采用电子数据报关单和纸质报关单形式向海关申报的行为。

4. 我国报关企业目前大都采取直接代理形式代理报关，即接受委托人（进出口货物收发货人）的委托，以报关企业自身的名义向海关办理进出口报关手续。

5. 海关对进出境运输工具的检查不受海关监管区域的限制。

6. 目前，我国对属于世界濒危物种管理范畴的犀牛角和虎骨仍列入禁止进出口的商品范围。

7. 列入2006年《进口许可证管理货物目录》的有监控化学品、易制毒化学品和消耗臭氧层物质3类。

8. 进出境货物的海关现场放行就是结关。

9. 一般进出口货物也称为一般贸易货物，是指在进出境环节缴纳了应征的进出口税费并办结了所有必要的海关手续，海关放行后不再进行监管，可以直接进入生产和流通领域的进出口货物。

10. 海关对按照货物实际价格审定的完税价格一次性征收税款的租赁货物现场放行后，不再对其进行监管。

11. 加工贸易经营企业申请内销的剩余料件，如果金额占该加工贸易合同项下实际进口料件总额5%以内（含5%）且总值在人民币1万元以下（含1万元），商务主管部门免予审批，属于进口许可证件管理范围的，企业免交许可证件。

12. 暂准进出境货物在向海关申报进出境时，暂不缴纳进出口税费，但收发货人须向海关提供担保。

13. 出料加工货物未按海关允许期限复运进境的，海关按照一般进出口货物办理。

14. 我国进出口商品编码第5、6位数级子目号列为HS子目，7、8位数级子目号列为本国子目。

15. 海关在审定货物的完税价格时，如买卖双方在经营上有相互联系，一方是另一方的独家代理、经销或受让人的，应当视为有特殊关系。

16. 出口货物自出口之日起3年内，因品质或者规格原因原状复运进境的，不征收进口关税。

17. 海关审定的进口货物的成交价格，是指卖方向中华人民共和国境内销售该货物时买方为进口该货物向卖方实付、应付的价格总额，包括直接支付的价格和间接支付的价款。

18. 海关发现多征税款的应当立即通知纳税义务人办理退还手续，纳税义务人应当自海关发出通知之日起3个月内办理有关退税手续。

19. 已征税放行的散装进出口货物发现短卸、短装的，如果该货物的发货人、承运人或者保险公司已对短卸、短装部分退还或者赔偿相应货款的，纳税义务人可以向海关申请退还进口或者出口短卸、短装部分的相应税款。

20. 在信用证支付方式下，银行根据买方的申请，以买方的名义向卖方开出保证付款的信用证，只要卖方提交符合信用证要求的单据，银行就保证付款。

21. 报关单填制中"CIF""CFR""FOB"等成交方式是中国海关规定的《成交方式代码表》中所指定的成交方式，与《2000年国际贸易术语解释通则》中的贸易术语的内涵一致。

22. 在国际贸易实务的有关单证中，英语"VIA"后面跟的名词表示中转地，而"IN TRANSIT TO"后面跟的名词则表示目的地。

23. 海关对当事人依法应当申报的项目有疑问的，可以向当事人提出查询。如果查询的内容涉及商业秘密，当事人可以拒绝答复。

24. 在特殊情况下，经海关关长批准，海关可以不经事先通知径行稽查，但径行稽查时仍应制发稽查通知书。

25. 在海关行政处罚案件中，应当事人要求举行听证的，听证的费用应当由当事人承担。

（四）综合实务题　在下列两个案例中各有5个问题，请在各问题答案的选项中，选出一个或一个以上正确答案，在答题卡上将与该题答案相对应的英文字母标号框涂黑。（每个问题2分，共20分，多选、少选、错选、不选均不得分）

一）广州大洋塑料制品有限公司与香港纬元贸易有限公司签订印花塑料餐具加工合同，由纬元公司向大洋公司免费提供ABS树脂一批，并支付加工费，成品由纬元公司在境外销售。大洋公司为此向海关申领了加工贸易手册。在加工过程中，由于没有印花设备，大洋公司报经主管海关同意后，将半成品交深圳威龙胶印有限公司印花后运回。在合同执行过程中产生的1 000公斤边角料作内销处理，合同执行完毕，大洋公司向主管海关报核。

根据上述案例，解答下列问题：

1. 大洋公司与纬元公司之间、大洋公司与威龙公司之间的行为关系分别属：

A. 来料加工和外发加工　　B. 进料加工和进料深加工结转

C. 来料加工和异地加工　　D. 来料加工和来料深加工结转

2．关于该加工贸易合同的备案，下列表述正确的是：

A．大洋公司到威龙公司所在地海关备案

B．大洋公司到本企业所在地海关备案

C．威龙公司到大洋公司所在地海关备案

D．威龙公司到本企业所在地海关备案

3．大洋公司向海关申请将半成品交深圳威龙公司加工时，应当提供的单证包括：

A．大洋公司签章的加工贸易保税货物深加工结转申请表

B．大洋公司签章的加工贸易货物外发加工申请表

C．大洋公司签章的异地加工贸易申请表

D．大洋公司签章的承揽企业经营状况和生产能力证明

4．大洋公司应在下列规定期限内向海关报核：

A．加工贸易手册到期之日起15日内

B．加工贸易手册到期之日起30日内

C．加工贸易手册项下最后一批成品出口之日起15日内

D．加工贸易手册项下最后一批成品出口之日起30日内

5．下列关于加工贸易边角料内销征税的表述，正确的是：

A．按申报数量计征进口税

B．以内销申报时同时进口的相同货物的成交价格为基础确定完税价格

C．以料件的原进口成交价格为基础确定完税价格

D．适用海关接受申报办理纳税手续之日实施的税率

二）某公司从日本以快件方式进口传真机使用的传感器一批（5纸箱，价值9万美元）；另，供货方免费提供传真机使用说明书200份（1纸箱，标明价值50美元）。报关员在办理该批货物进口报关手续时因报关行为不规范，被海关记5分。

设1美元＝8元人民币；传真机使用说明书进口关税税率7.5%，进口环节增值税税率17%；传真机传感器属自动进口许可管理商品。

根据上述案例，解答下列问题：

1．进口传感器在向海关申报时，应使用下列何种报关单：

A．进出境快件KJ1报关单　B．进出境快件KJ2报关单

C．进出境快件KJ3报关单　D．进口货物报关单

2．在下列有关传真机使用说明书报关的表述中，正确的是：

A．应与传感器分单申报

B．应与传感器在一份报关单上分项填报

C. 进口报关手续由收货人办理

D. 进口报关手续由运营人代理

3. 在向海关申报进口传感器时，报关员应向海关提交的监管证件是：

A. 代码为“7”的自动进口许可证

B. 代码为“O”的自动进口许可证

C. 代码为“v”的自动进口许可证

D. 代码为“l”的进口许可证

4. 下列关于传真机使用说明书进口关税与进口环节增值税的征收情况，正确的是：

A. 进口关税免征；进口环节增值税免征

B. 进口关税 30 元；进口环节增值税 73.1 元

C. 进口关税免征；进口环节增值税 73.1 元

D. 进口关税免征；进口环节增值税 68 元

5. 报关员报关行为不规范而被海关记 5 分的情形有：

A. 报关员自接到海关现场交单或者放行交单通知之日起 10 日内，未向货物所在地海关递交书面单证，导致海关撤销报关单的

B. 在海关签印放行前，因报关员填制报关单不规范，报关单位向海关申请撤销申报单证及其内容，经海关同意且未对贸易管制、税收和海关统计造成危害的

C. 在海关签印放行后，因报关员填制报关单不规范，报关单位向海关申请修改或撤销报关单，经海关同意且不属于走私、偷逃税等违法违规性质的

D. 在海关签印放行后，海关发现因报关员填制报关单不规范，报关单数量与实际不符，且有 4 位数以下差值，经海关确认不属伪报，但影响海关统计的

（五）商品归类题　请先查出商品编码，再将该编码的 8 位数字相加求和，然后根据求得的和数在答题卡上将对应的选项栏数字标号涂黑，十位数涂在上一栏 0—9 的数字框内，个位数涂在下一栏 0—9 的数字框内；如相加结果为一位数，十位数将 0 涂黑。（每题 2 分，共 40 分）

例题：酪蛋白，先查出商品编码为 3501.1000，再将这 8 位数字相加，即 3 + 5 + 0 + 1 + 1 + 0 + 0 + 0 = 10，然后将答题卡两行 0—9 数字框涂成：

0	1	2	3	4	5	6	7	8	9
0	1	2	3	4	5	6	7	8	9

1．酸性红 B，一种有机合成染料，红色，主要用于化学纤维的染色，25 公斤包装

2．MS 非泡沫板，MS 即甲基丙烯酸甲酯（单体单元占 30%）－苯乙烯（单体单元占 70%）共聚物

3．液体口香糖，20 克/支，成分为食用酒精、香精、巴斯甜、甘油、山梨醇等，使用时喷于口腔，起清新口气的作用

4．达菲，一种抗 H5N1 型禽流感病毒的口服药物（0.25 克/粒），化学名称磷酸奥司他韦

5．日本手卷水果寿司，用紫菜裹以大米饭、少许水果丁和调料后切成小卷

6．韩式大麦茶，由大麦烘炒磨碎制得，每 10 克装于纸袋，食用时连袋一起在热水中浸泡

7．长寿牌西洋参片，干的，50 克/盒

8．活的淡水小龙虾

9．吊秤，最大称重为 1 000 公斤

10．带有录音功能的 mp3 音乐播放器（不能接收无线广播）

11．一种大芯板，厚 12 毫米，由两面是针叶木饰面，中间层为碎木料的芯板（厚 8 毫米）胶合而成

12．铜制镀金领带夹

13．外科手术刀，不锈钢制

14．丰田轿车用电动天窗

15．天丝棉单股纱线，由天丝 65%、棉 35% 混纺而成，其中的天丝（tencel）是一种新型纤维，是由木质浆粕为原料进行再生的纤维素纤维

16．卧室用家具，红木制

17．螺纹钢，由非合金钢经热轧扭曲成表面起螺纹的实心直条状，直径 2 厘米，长 4 米

18．棉 30%、羊毛 30%、涤纶短纤 25%、腈纶短纤 15% 的浅黄色平纹机织物，250 克/平方米

19．手工钩编的涤纶餐台布

20．女式棉（含 8% 氨纶）牛仔短裤，机织

（六）填制报关单单项选择题　请根据所提供的资料，按照报关单填制规范的要求，在报关单相对应的栏目选项中，选出最合适的答案，在答题卡上将与该题相对应的答案的英文字母标号框涂黑。（每项 1 分，共 20 分）

广州电梯有限公司（440193××××）持 C51066000019 号加工贸易手册

向海关申报进口电梯用曳引机一批，该批货物列手册第 22 项，法定计量单位同成交计量单位。保险费率为 0.3%。

托运人 Shipper

SCHENKER INTL（H. K.）LTD.
0/B OMS GETRIEBE UND ZAHNRAD-FABRIK

粤海运输有限公司
GUANGDONG TRANSPORT LTD.
TEL：2815 3398 FAX：25419824

收货人 Consignee

广州电梯有限公司
GUANGZHOU ELEVATOR CO.，LTD.
GUANGHUA ROAD
GUANGZHOU 510425

船舶代码：5201904008

直运或转船提单
BILL OF LANDING
DIRECT OR WITH TRANSHIPMENT

通知地址 Notify address
SAME AS CONSIGNEE

Vessel	Voy No.
SUIDONG FANG	510100607150
Port of loading	Port of discharge
HONG KONG	XIN FENG (GUANG ZHOU)

Number of Original B/L	B/L NO.
THREE	06XF02014
Final destination	Freight payable at
XIN FENG (GUANG ZHOU)	HONG KONG

Marks and Nos.	Number and Kind of packages	Description of goods	Net weight (kgs)	Gross weight (kgs)	Measurement (m^3)
6005343 6005344 6004843 6005273	13CASES	电梯零件	7073	7640	12.88M3

KCRU9912601/40HQ/GDTL05448/04909
TOTAL：THIRTEEN(13)CASES(S)ONLY

以上细目由托运人提供
ABOVE PARTICULARS FURNISHED BY SHIPPER

运费和费用 Freight and charges
运费预付 FREIGHT PREPAID

CY/CY

签单地点和日期　　　HONG KONG 15 JUL 2006
Place and date of issue

代表承运人签字
Signed for or on behalf of the Carrier

OMS Antriebstechnik OHG Postfach 36219 Cornberg

Guangzhou Elevator Co. Ltd.
Guanghua Road
GD 510425 Guangzhou, China

INVOICE & PACKING LIST – NO. 520207

7 cases of ECH3 ESCALATOR MACHINE　　4,260 kgs gross weight
　　3,980 kgs net weight

Description of Goods and/or Services
14.000 units of ECH3 11.0KW – 380/415V – 50HZ
Contract No. B7 NU 0945 – 46
UNIT PRICE: €3,706.22

EX – WORKS　　EUR 51,887.08

SHIPMENT BY SEAFREIGHT FROM HAMBURG, GERMANY FOR TRANSPORTATION TO: GUANGZHOU, CHINA

PAYMENT: T/T PAYMENT

COUNTRY OF ORIGIN: FEDERAL REPUBLIC OF GERMANY

02.06.2006

AS manufacturer

OMS – ANTRIEBSTECHNIK

SCHENKER
Logistics

TO：GUANGZHOU ELEVATOR CO. LTD.
GUANGZHOU
CHINA 510425
GUANGZHOU

SCHENKER（H. K.）LTD.
38/F CHINA RESOURCES BLDG
26 HARBOUR ROAD，WANCHAI
HONG KONG

A/C：10203437　　EC. MTH.：2006/07

* *

Freight Note　　4950607778

This serves as the Freight/Charges Note and is not an Invoice.
Please contact us if there is any changes/discrepancies.

* *

Marks & Numbers	Pos Description of Goods	Gross Weight（kg）	Cbm
	13	7640. 000	12. 880
6005343			
6005344	ESCALATOR MACHINE		
6004843			
6005273	'FREIGHT COLLECT'		

Charge Description	Factor Base	Cur.	Inv.	Amount
INLAND FREIGHT		USD		583. 16
OCEAN FREIGHT		USD		1 030. 40
OTHER CHARGES		USD		517. 51
TOTAL AMOUNT：		USD		2 131. 07

Remarks：

All business，whether involving transport or not，is handled subject to our general conditions

= =

CHEQUES SHOULD BE MADE PAYABLE TO "SCHENKER INT'L（HK）LTD." And send to ADDRESS：Room 3801 －5 China Resources bldg.，26 Harbour Road，Hong Kong.

中华人民共和国海关进口货物报关单

预录入编号：　　　　　　　　　　　　　　　　　　海关编号：

进口口岸	备案号	进口日期	申报日期	
经营单位	运输方式	运输工具名称	提运单号	
收货单位	贸易方式	征免性质	征税比例	
许可证号	起运国(地区)	装货港	境内目的地	
批准文号	成交方式	运费	保费	杂费
合同协议号	件数	包装种类	毛重(公斤)	净重(公斤)
集装箱号	随附单据	用途		
标记唛码及备注				

项号	商品编号	商品名称、规格型号	数量及单位	原产国(地区)	单价	总价	币制	征免

税费征收情况

录入员　录入单位	兹声明以上申报无讹并承担法律责任	海关审单批注及放行日期(签章)
报关员		审单　　审价
单位地址	申报单位(签章)	征税　　统计
邮编　　电话	填制日期	查验　　放行

请根据以上资料，选择以下栏目正确选项：

1.“提运单号”栏：

A. 10203437　　B. 06XF02014

C. BTNU0945 - 46　　D. 520207

2.“贸易方式”栏：

A. 进料对口　　B. 一般贸易

C. 进料非对口　　D. 来料加工

3.“征免性质”栏：

A. 来料加工　　B. 进料加工

C. 中外合资　　D. 中外合作

4.“起运国（地区）”栏：

A. 110　　B. 116

C. 300　　D. 304

5.“装货港”栏：

A. 中国香港　　B. 香港

C. 汉堡　　D. HONGKONG

6.“成交方式”栏：

A. EXW　　B. CIF

C. CFR　　D. FOB

7.“运费”栏：

A. 此栏为空　　B. 502/899.29/3

C. 502/1188.27/3　　D. 502/2131.07/3

8.“保费”栏：

A. 0.3/1　　B. 0.3

C. 000/0.3/1　　D. 此栏为空

9.“杂费”栏应填：

A. 此栏为空　　B. 300/517.51/3

C. 300/ -517.51/3　　D. 517.51/3

10.“件数”栏：

A. 13　　B. 7

C. 14　　D. 21

11.“包装种类”栏：

A. 集装箱　　B. 托盘

C. 木箱　　D. 其他

12. “毛重”栏：

A. 7 640　　B. 7 073
C. 3 980　　D. 4 260

13. “净重”栏：

A. 7 640　　B. 7 073
C. 3 980　　D. 4 260

14. “集装箱号”栏：

A. 0　　B. KCRU9912601
C. KCRU9912601 * 1（2）　　D. KCRU9912601/40/××××

15. “项号”栏：

A. 01　22　　B. 01
C. 22　　D. 22　01

16. “数量及单位”栏：

A. 7 箱　　B. 14 台
C. 13 箱　　D. 21 件

17. “原产国（地区）”栏：

A. 110　　B. 116
C. 300　　D. 304

18. “总价”栏：

A. 3 706. 22　　B. 3 706
C. 51 887. 08　　D. 51 887

19. “币制”栏：

A. 110　　B. 116
C. 300　　D. 304

20. “征免”栏：

A. 保证金　　B. 保函　　C. 照章征税　　D. 全免

（七）查找报关单填制错误　下列两张报关单中各有 20 个已填（包括空填）栏目（标号 A－T），请分别指出每张报关单中的 5 处填制错误，并在答题卡上将相对应的英文字母标号框涂黑。（共 20 分，选对 1 处得 2 分，不选、错选均不得分；每小题答案选项不得超过 5 个，否则该题按 0 分计分）

一）广州斯达电子有限公司为海关 C 类管理企业，进口冷轧铁条（加工贸易限制类商品）一批，用于加工成品出口，规格为直径 18mm 与 13.9mm，分别位列 B51055200188 号手册备案料件第 7、8 项，入境货物通单号为 440130106008121，法定计量单位为千克。

中华人民共和国海关进口货物报关单

预录入编号：　　　　　　　　　　　　　　　　　　海关编号：

进口口岸	（A）备案号 B51055200188	进口日期	申报日期
经营单位	运输方式	（B）运输工具名称 5101550125/ 510100607200	（C）提运单号 XH666002495
收货单位	（D）贸易方式 0214	征免性质	征税比例
许可证号	（E）起运国（地区） 台澎金马关税区	（F）装货港 基隆	境内目的地

批准文号	（G）成交方式 1	运费	保费	杂费
合同协议号	（H）件数 17	（I）包装种类 其他	（J）毛重（公斤） 15009	（K）净重（公斤） 14958
集装箱号	（L）随附单据 A：440130106008121			（M）用途 加工返销

标记唛码及备注

(N)项号	商品编号	(O)商品名称、规格型号	(P)数量及单位	(Q)原产国(地区)	单价	(R)总价	(S)币制	(T)征免
01 08		冷轧铁条 直径13.9mm	10919千克		142	4 367.6	502	保证金
02 07		冷轧铁条 直径18mm	4039千克		142	1 615.6	502	保证金

税费征收情况

录入员　录入单位	兹声明以上申报无讹并承担法律责任	海关审单批注及放行日期（签章）
报关员		审单　审价
单位地址	申报单位（签章）	征税　统计
邮编　电话	填制日期	查验　放行

BILL OF LADING

Shipper MING YANG LINE（H. K.）LTD. 22/F EVER GREEN PLAZA，TOWER 1，	B/L NO. XH666002495
Consignee TO ORDER OF THE HOLDER OF MING YANG MARINE TRANSPORTATION CORP ORIGINAL THRU B/L NO. YMLU1202060693	广州岭南物流服务有限公司 GUANGZHOU RING NAM LOGISTICS SERVICES LTD. 运输工具编号：5101550125 船舶代码：5101550125
Notify Party 广州斯达电子有限公司 TEL：86428XXX FAX：86429XXX	

Vessel	Voy No.	Port of Loading	Port of Discharge
XIE HANG 666	510100607200	香港	广州新风

Mark & Nos.	No. of Packges	Packing	Description of Goods	Gross weight KGS	Measurement CBM
NO.：1 - UP SPEC： N. W.： KGS DEEFU METAL	17 BUNDLE		SHIPPER'S LOAD，COUNT & SEAL 1x20GP TKL/CY S. T. C. 冷轧铁条等一批	15，009.00	25.000

T/C FM KEELUNG TO GUANGZHOU VIA HONGKONG EX YM PEAR RIVER I P15
CONTAINER NO. /SEAL/SIZE
YMLU3129802/YML5680541/20′GP

Total No. of Packages or Comtainers
TOTAL：ONE（1）x20′GP CONTAINER（S）ONLY. ＊＊＊

Remarks	Loaded on board on Date of Departure 2006/07/20

Freight payable at	Number of Original B/L	Place & Date of Issue
香港	THREE（3）	HONGKONG 2006/07/20

Freight and Charges	Signed for and on behalf of the Carrier

鹏威国际（香港）有限公司
BOND WEALTH INTERNATIONAL（H. K.）LIMITED

INVOICE

ORIGINAL

TO：	
广州斯达电子有限公司 广州石井厂潭西路×××号	

Invoice No.：	05ZX（INP）004
Invoice Date：	2006/07/13
L/C（P/O）NO.：	
Delivery Note No.：	
Payment Terms：	
Page：	

Sipped from：香港 *To*：广州 *per* *on/about*

ITEM	*DESCRIPTION*	*QUANTITY*	*UNIT PRICE*	*AMOUNT*
	冷轧铁条/直径 13.9mm	10 919 kgs	0.40	4 367.60
	冷轧铁条/直径 18mm	4 039 kgs	0.40	1 615.60
				合计 CIF 广州 USD：5 983.20

Authorized Signature

鹏威国际（香港）有限公司

BOND WEALTH IN TERNATIONAL（H. K.）LIMITED

PACKING LIST

ORIGINAL

Buyer：

广州斯达电子有限公司
广州石井石潭西路×××号

Consignee（if other buyer）

Invoice No.：	05ZX（INP）004
Shipped per：	
On or about：	
From：HONGKONG To：GUANGZHOU	
Country of Origin：	TAIWAN
L/C（P/O）NO.：	

Item	Description	Quantity	Net Weight	Gross Weight
1	冷轧铁条/直径 13.9mm	749kg	749kg	752kg
2	冷轧铁条/直径 13.9mm	728kg	728kg	731kg
3	冷轧铁条/直径 13.9mm	737kg	737kg	740kg
4	冷轧铁条/直径 13.9mm	728kg	728kg	731kg
5	冷轧铁条/直径 13.9mm	745kg	745kg	748kg
6	冷轧铁条/直径 13.9mm	733kg	733kg	736kg
7	冷轧铁条/直径 13.9mm	733kg	733kg	736kg
8	冷轧铁条/直径 13.9mm	740kg	740kg	743kg
9	冷轧铁条/直径 18mm	1 022kg	1 022kg	1 025kg
10	冷轧铁条/直径 18mm	1 009kg	1 009kg	1 012kg
11	冷轧铁条/直径 13.9mm	1 008kg	1 008kg	1 011kg
12	冷轧铁条/直径 13.9mm	1 002kg	1 002kg	1 005kg
13	冷轧铁条/直径 13.9mm	1 002kg	1 002kg	1 005kg
14	冷轧铁条/直径 13.9mm	1 012kg	1 012kg	1 015kg
15	冷轧铁条/直径 13.9mm	1 002kg	1 002kg	1 005kg
16	冷轧铁条/直径 18mm	1 004kg	1 004kg	1 007kg
17	冷轧铁条/直径 18mm	1 004kg	1 004kg	1 007kg
合计 17		14 958kg	14 958kg	15 009kg

Authorized Signature

二）无锡锡孚汽车配件有限公司（320392××××）委托无锡锡孚国际贸易有限公司（320231××××）向海关申报出口汽车发动机零件一批，法定计量单位千克，外汇核销单号为045365427。

中华人民共和国海关出口货物报关单

预录入编号： 海关编号：

出口口岸	备案号	出口日期	申报日期
（A）经营单位 无锡锡孚国际贸易有限公司 320231××××	（B）运输方式 3	（C）运输工具名称 CA3202	（D）提运单号 99987908844
发货单位 320392××××	（F）贸易方式 一般贸易	（G）征免性质 中外合资	（H）结汇方式 1
（I）许可证号	（J）运抵国（（地区） 意大利	（K）指运港 法兰克福	（L）境内货源地 32039

（M）批准文号 045365427	成交方式	运费	保费	杂费
合同协议号	（N）件数 1	包装种类	毛重（公斤）	净重（公斤）
（O）集装箱号 0	随附单据			生产厂家

（P）标记唛码及备注

项号	商品编号	(Q) 商品名称、规格型号	(R) 数量及单位	(S) 最终目的国（地区）	单价	总价	币制	(T) 征免
01		汽车发动机专用法兰	2.13 千克	意大利				照章征税
		FO1M100 031	5 个					

税费征收情况

录入员 录入单位	兹声明以上申报无讹并承担法律责任	海关审单批注及放行日期（签章）
报关员		审单 审价
单位地址	申报单位（签章）	征税 统计
邮编 电话	填制日期	查验 放行

999–8790 8844

Shipper's Name and Address	Shipper's Account Number	Not negotiable Air Waybill Issued by	中国国际航空公司 AIR CHINA BEIJING CHINA
Consignee's Name and Address	Consignee's Account Number	Copies 1.2 and 3 of this Air Waybill are originals and have the same validity	

Issuing Carrier's Name and City STR. SHA　　HOUSE A.W.B NEC10539636.	Accounting Information FREIGHT : PREPAID
Agent's IATA Code / Account No.	
Airport of Departure(Addr. Of First Carrier)and Requested Routing PVG	

To	By First Carrier	Routing and Destination	to	by	to	by	Currency	CHGS Code	WT VAL PPD	WT VAL COLL	Other PPD	Other COLL	Declared Value for Carriage	Declared Value for Customs
FRA	CA						CNY						NVD	NCV

Airport of Destination	Flight/Date	For Carrier Use Only	Flight/Date	Amount of Insurance	INSURANCE–If carrier offers insurance,and such insurance is requested in accordance with conditions thereof,indicate amount to be insured in figures in box marked'Amount of Insurance.
FRANKFURT	CA3202		JUL.22	NLL	

Handling Information

NO SOLID WOOD PACKING MATERIALS

No of Pieces RCP	Gross Weight	kg lb	Rate Class	Commodity Item No.	Chargeable Weight	Rate / Charge	Total	Nature and Quantity of Goods (incl. Dimensions or Volume)
7	118	K	Q		118.	42.69	5037.42	CONSOLIDATION A.S PER ATTACHED MANIFEST SHIPPER OR AGENT LOAD AND COUNT 0.70CBM

Prepaid	Weight Charge	Collect	
5037.42			Other Charges AWC:50.00　MYC:708.00　MSC:118.00
Valuation Charge			
Tax			
Total Other Charges Due Agent			Shipper certifies that the particulars on the face hereof are correct and that insofar as any part of the consignment contains dangerous goods,such part is properly described by name and is in proper condition for carriage by air according to the applicable Dangerous Goods Regulations. STR. SHA Signature of Shipper or his Agent
Total Other Charges Due Carrier			
876.00			
Total Prepaid		Total Collect	
5913.42			
Currency Conversion Rates		CC Charges in Dest. Currency	JUL.21.2006　STR. SHA　LW Executed on (date)　at (place)　Signature of Issuing Carrier or its Agent
For Carriers Use only at Destination		Charges at Destination	Total Collect Charges

999–8790 8844

INVOICE

1/1

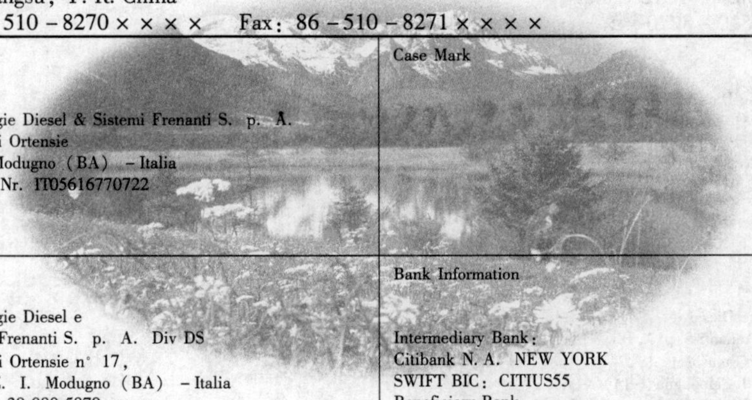

XIFU

No. ××× West Remin Road
Wuxi, Jiangsu, P. R. China
Tel: 86－510－8270×××× Fax: 86－510－8271××××

Invoice No.: 06－WF－BS－061
Date.: 2006－7－20

Sold to Tecnologie Diesel & Sistemi Frenanti S. p. A. Via delli Ortensie 70026 Modugno (BA) －Italia Ust. －Nr. IT05616770722	Case Mark
Ship to Tecnologie Diesel e Sistemi Frenanti S. p. A. Div DS Via delli Ortensie n° 17, 70026 Z. I. Modugno (BA) －Italia TEL: +39 080 5879××× FAX: +39 080 5878×××	Bank Information Intermediary Bank: Citibank N. A. NEW YORK SWIFT BIC: CITIUS55 Beneficiary Bank: Wuxi City Commercial Bank Account with Citibank: 3601 844× SWIFT BIC: WXCBCNSH Beneficiary: Account Number: 89060148800000××× Name: Xifu International Trade Co., ltd. Address: No. ××× West Renmin Road, Wuxi Jiangsu, P. R. China Tel: 86－510－8270××××
Vesselor On or About BY AIR	
From Via SHANGHAI, CHINA	
To Rome, Italy	Payment Terms T/T

Marks and Nos.	Description of Goods	Quantity	Unit Price FOB SHANGHAI IN USD	Amount
		PCS.	PER PC	Total
	(PPAP Samples) Auto spare pans: flange			
Order No. DS 45164811	F0lM 100 031	5	3.204 0	16.02
TOTAL		5 ONE CARTON ONLY		16.02

Issued By: XIFU INTERNATIONAL TRADE CO., LTD.

PACKING LIST

1/1

XIFU
No. ××× West Remin Road
Wuxi, Jiangsu, P. R. China
Tel: 86－510－8270×××× Fax: 86－510－8271××××

Invoice No. 06－WF－BS－061
Date. 2006－7－20

Sold to

Tecnologie Diesel & Sistemi Frenanti S. p. A.
Via delli Ortensie
70026 Modugno (BA) －Italia
Ust. －Nr. IT05616770722

Case Mark

Ship to

Tecnologie Diesel e
Sistemi Frenanti S. p. A. Div DS
Via delli Ortensie n° 17,
70026 Z. I. Modugno (BA) －Italia
TEL: +39 080 5879×××
FAX: +39 080 5878×××

Bank Information

Vessel or　　On or About

BY AIR

From　　Via

SHANGHAI, CHINA

To

Italy

Payment Terms

Case No.	Description of Goods	Quantity (PCS)	NET WEIGHT (KGS)	GROSS WEIGHT (KGS)	MEASUREMENT (M^3)
	Auto spare pans: flange				
NO. 1					
	F01M 100 031	5	2.13	3.23	0.010
TOTAL	ONE CARTON ONLY	5	2.13	3.23	0.010

Issued By: XIFU INTERNATIONAL TRADE CO., LTD.

附：2006 年报关员资格全国统一考试（A）卷及参考答案

一、单项选择题

1. D　2. D　3. B　4. C　5. D　6. D　7. A　8. A　9. D
10. D　11. C　12. C　13. B　14. D　15. B　16. B　17. D　18. C
19. C　20. B　21. A　22. D　23. A　24. C　25. C

二、多项选择题

1. ABCD　2. BCD　3. BCD　4. ABC　5. ABCD
6. ABD　7. ABCD　8. CD　9. ABD　10. ABCD
11. ABCD　12. AB　13. AC　14. BCD　15. AD
16. ABD　17. ABC　18. BCD　19. BC　20. ACD
21. BCD　22. ABD　23. ABC　24. ABD　25. ABCD

三、判断题

1. √　2. ×　3. ×　4. ×　5. √　6. √　7. ×　8. ×　9. ×
10. √　11. ×　12. √　13. √　14. √　15. √　16. ×　17. ×　18. ×
19. √　20. ×　21. ×　22. √　23. ×　24. √　25. ×

四、综合实务题

一）　1. A　2. B　3. BD　4. BD　5. AD
二）　1. D　2. AC　3. B　4. D　5. ACD

五、商品归类题

1．3204.1200〈12〉 2．3920.3000〈17〉 3．3306.9000〈21〉
4．3004.9090〈25〉 5．1904.9000〈23〉 6．1904.1000〈15〉
7．1212.2010〈8〉 8．0306.2990〈29〉 9．8423.8290〈36〉
10．8520.9010〈25〉 11．4412.9300〈23〉 12．7117.1900〈26〉
13．9018.9090〈36〉 14．8708.2941〈39〉 15．5403.3900〈24〉
16．9403.5010〈22〉 17．7214.2000〈16〉 18．5514.2100〈18〉
19．6302.4010〈16〉 20．6204.6200〈20〉

六、填制报关单单项选择题

1．B 2．A 3．B 4．A 5．B 6．D 7．D
8．C 9．A 10．B 11．C 12．D 13．C 14．D
15．A 16．B 17．D 18．C 19．C 20．D

七、查找报关单填制错误

一） B E F I Q T
二） B D G H K P

报关员资格全国统一考试试卷答题卡

注意事项

1. 用钢笔分别填写姓名栏和准考证号栏中的姓名和准考证号，填写时字迹要清楚，不得潦草，不得出格。
2. 用2B铅笔按"填涂示范"正确填涂"准考证号填涂栏"和"答案填涂栏"中的所选项，黑度以盖住框内数字或字母为准。
3. 保持答题卡整洁，不能折叠、破损。
4. 填涂答案时注意题号顺序。
5. 缺考标记和作弊标记由考场监考人员填涂。

作弊标记 ☐　　缺考标记 ☐

填涂示范

正确填涂 ▬

错误填涂 [√] [×] [○] [▌] [▐] [▍]

姓名

准考证号

准考证号填涂栏

[0]	[0]	[0]	[0]	[0]	[0]	[0]	[0]	[0]	[0]	[0]	[0]
[1]	[1]	[1]	[1]	[1]	[1]	[1]	[1]	[1]	[1]	[1]	[1]
[2]	[2]	[2]	[2]	[2]	[2]	[2]	[2]	[2]	[2]	[2]	[2]
[3]	[3]	[3]	[3]	[3]	[3]	[3]	[3]	[3]	[3]	[3]	[3]
[4]	[4]	[4]	[4]	[4]	[4]	[4]	[4]	[4]	[4]	[4]	[4]
[5]	[5]	[5]	[5]	[5]	[5]	[5]	[5]	[5]	[5]	[5]	[5]
[6]	[6]	[6]	[6]	[6]	[6]	[6]	[6]	[6]	[6]	[6]	[6]
[7]	[7]	[7]	[7]	[7]	[7]	[7]	[7]	[7]	[7]	[7]	[7]
[8]	[8]	[8]	[8]	[8]	[8]	[8]	[8]	[8]	[8]	[8]	[8]
[9]	[9]	[9]	[9]	[9]	[9]	[9]	[9]	[9]	[9]	[9]	[9]

答　案　填　涂　栏

一 单项选择

1 2 3 4 5　6 7 8 9 10　11 12 13 14 15　16 17 18 19 20　21 22 23 24 25
[A][A][A][A][A]　[A][A][A][A][A]　[A][A][A][A][A]　[A][A][A][A][A]　[A][A][A][A][A]
[B][B][B][B][B]　[B][B][B][B][B]　[B][B][B][B][B]　[B][B][B][B][B]　[B][B][B][B][B]
[C][C][C][C][C]　[C][C][C][C][C]　[C][C][C][C][C]　[C][C][C][C][C]　[C][C][C][C][C]
[D][D][D][D][D]　[D][D][D][D][D]　[D][D][D][D][D]　[D][D][D][D][D]　[D][D][D][D][D]

二 多项选择

1 2 3 4 5　6 7 8 9 10　11 12 13 14 15　16 17 18 19 20　21 22 23 24 25
[A][A][A][A][A]　[A][A][A][A][A]　[A][A][A][A][A]　[A][A][A][A][A]　[A][A][A][A][A]
[B][B][B][B][B]　[B][B][B][B][B]　[B][B][B][B][B]　[B][B][B][B][B]　[B][B][B][B][B]
[C][C][C][C][C]　[C][C][C][C][C]　[C][C][C][C][C]　[C][C][C][C][C]　[C][C][C][C][C]
[D][D][D][D][D]　[D][D][D][D][D]　[D][D][D][D][D]　[D][D][D][D][D]　[D][D][D][D][D]

三 判断题

1 2 3 4 5 6 7 8 9 10 11 12 13 14 15
[√][√][√][√][√][√][√][√][√][√][√][√][√][√][√]
[×][×][×][×][×][×][×][×][×][×][×][×][×][×][×]
16 17 18 19 20 21 22 23 24 25
[√][√][√][√][√][√][√][√][√][√]
[×][×][×][×][×][×][×][×][×][×]

四 综合实务

1 2 3 4 5 6 7 8 9 10
[A][A][A][A][A][A][A][A][A][A]
[B][B][B][B][B][B][B][B][B][B]
[C][C][C][C][C][C][C][C][C][C]
[D][D][D][D][D][D][D][D][D][D]

五　商品归类

题号										
1	[0]	[1]	[2]	[3]	[4]	[5]	[6]	[7]	[8]	[9]
	[0]	[1]	[2]	[3]	[4]	[5]	[6]	[7]	[8]	[9]
2	[0]	[1]	[2]	[3]	[4]	[5]	[6]	[7]	[8]	[9]
	[0]	[1]	[2]	[3]	[4]	[5]	[6]	[7]	[8]	[9]
3	[0]	[1]	[2]	[3]	[4]	[5]	[6]	[7]	[8]	[9]
	[0]	[1]	[2]	[3]	[4]	[5]	[6]	[7]	[8]	[9]
4	[0]	[1]	[2]	[3]	[4]	[5]	[6]	[7]	[8]	[9]
	[0]	[1]	[2]	[3]	[4]	[5]	[6]	[7]	[8]	[9]
5	[0]	[1]	[2]	[3]	[4]	[5]	[6]	[7]	[8]	[9]
	[0]	[1]	[2]	[3]	[4]	[5]	[6]	[7]	[8]	[9]
6	[0]	[1]	[2]	[3]	[4]	[5]	[6]	[7]	[8]	[9]
	[0]	[1]	[2]	[3]	[4]	[5]	[6]	[7]	[8]	[9]
7	[0]	[1]	[2]	[3]	[4]	[5]	[6]	[7]	[8]	[9]
	[0]	[1]	[2]	[3]	[4]	[5]	[6]	[7]	[8]	[9]
8	[0]	[1]	[2]	[3]	[4]	[5]	[6]	[7]	[8]	[9]
	[0]	[1]	[2]	[3]	[4]	[5]	[6]	[7]	[8]	[9]
9	[0]	[1]	[2]	[3]	[4]	[5]	[6]	[7]	[8]	[9]
	[0]	[1]	[2]	[3]	[4]	[5]	[6]	[7]	[8]	[9]
10	[0]	[1]	[2]	[3]	[4]	[5]	[6]	[7]	[8]	[9]
	[0]	[1]	[2]	[3]	[4]	[5]	[6]	[7]	[8]	[9]
11	[0]	[1]	[2]	[3]	[4]	[5]	[6]	[7]	[8]	[9]
	[0]	[1]	[2]	[3]	[4]	[5]	[6]	[7]	[8]	[9]
12	[0]	[1]	[2]	[3]	[4]	[5]	[6]	[7]	[8]	[9]
	[0]	[1]	[2]	[3]	[4]	[5]	[6]	[7]	[8]	[9]
13	[0]	[1]	[2]	[3]	[4]	[5]	[6]	[7]	[8]	[9]
	[0]	[1]	[2]	[3]	[4]	[5]	[6]	[7]	[8]	[9]
14	[0]	[1]	[2]	[3]	[4]	[5]	[6]	[7]	[8]	[9]
	[0]	[1]	[2]	[3]	[4]	[5]	[6]	[7]	[8]	[9]
15	[0]	[1]	[2]	[3]	[4]	[5]	[6]	[7]	[8]	[9]
	[0]	[1]	[2]	[3]	[4]	[5]	[6]	[7]	[8]	[9]
16	[0]	[1]	[2]	[3]	[4]	[5]	[6]	[7]	[8]	[9]
	[0]	[1]	[2]	[3]	[4]	[5]	[6]	[7]	[8]	[9]
17	[0]	[1]	[2]	[3]	[4]	[5]	[6]	[7]	[8]	[9]
	[0]	[1]	[2]	[3]	[4]	[5]	[6]	[7]	[8]	[9]
18	[0]	[1]	[2]	[3]	[4]	[5]	[6]	[7]	[8]	[9]
	[0]	[1]	[2]	[3]	[4]	[5]	[6]	[7]	[8]	[9]
19	[0]	[1]	[2]	[3]	[4]	[5]	[6]	[7]	[8]	[9]
	[0]	[1]	[2]	[3]	[4]	[5]	[6]	[7]	[8]	[9]
20	[0]	[1]	[2]	[3]	[4]	[5]	[6]	[7]	[8]	[9]
	[0]	[1]	[2]	[3]	[4]	[5]	[6]	[7]	[8]	[9]

★ 每道题由两组0－9组成

六 报关单填制单项选择

1 2 3 4 5　6 7 8 9 10　11 12 13 14 15　16 17 18 19 20
[A][A][A][A][A]　[A][A][A][A][A]　[A][A][A][A][A]　[A][A][A][A][A]
[B][B][B][B][B]　[B][B][B][B][B]　[B][B][B][B][B]　[B][B][B][B][B]
[C][C][C][C][C]　[C][C][C][C][C]　[C][C][C][C][C]　[C][C][C][C][C]
[D][D][D][D][D]　[D][D][D][D][D]　[D][D][D][D][D]　[D][D][D][D][D]

七 查找报关单填制错误

一、[A] [B] [C] [D] [E] [F] [G] [H] [I] [J] [K] [L] [M] [N] [O] [P] [Q] [R] [S] [T]
二、[A] [B] [C] [D] [E] [F] [G] [H] [I] [J] [K] [L] [M] [N] [O] [P] [Q] [R] [S] [T]

后　记

笔者于1993年开始在海关学院外贸专业辅导报关员资格考试，自1997年实行报关员资格全国统一考试以来，参加了五次阅卷校审工作，并撰写试卷评论。自1999年至今，笔者赴北京、南京、深圳、广州、佛山、珠海、汕头、江门、东莞、惠州等全国各大关区及各大专院校进行报关员考前复习辅导，积累了丰富的考试辅导经验，掌握了不同层次的考生自学训练考试的相关信息，已编写并出版四本辅导专著。

因顺应形势的发展、教材的定性、考试的规范、考生的需求、问题的导向，特此编著这套崭新的辅导书。

本套辅导书的主要特色是新内容、新观点、新立意、新方向、新方法；揭秘、解读、点评、分类、归纳汇聚；图表、案例、试题、形式整合；重点考题反复交叉、多种题型再现；介绍自学秘诀、挖掘出题思想、总结科学答题方法、弥补教材缺陷、展示辅导书精华。

本书内容完整成套、单册各成体系；各有侧重、各尽其责。书中观点和考题反复论证、举例，不免有重复和交叉的情况出现，但从另一角度讲这些多次重复的内容正是历年考试的考点和考题。反复地阅读、理解、掌握和运用则是考试过关的秘诀。

本书撰写中，刘璐、朱江和赖贤君给予了大力帮助，特此感谢！

报关员网致力于成为报关员资格的专业辅导网站，为考生提供一个学习、工作交流的信息平台。

敬请查看报关员网：http://www.bgynet.com

编著者

2007年5月